Sales
Image
Tuning

Sales
Image
Tuning

Sales Image Tuning
세일즈에 **스타일**을 **더**하라

Second Edition

Sales
Image
Tuning

Sales Image Tuning
세일즈에 **스타일**을 더하라 **Second Edition**

2015년 5월 21일 개정판 1쇄 인쇄
2015년 5월 28일 개정판 1쇄 발행

지은이 ㅣ 황정선
펴낸이 ㅣ 윤정희
펴낸곳 ㅣ (주)황금부엉이

주 소 ㅣ 서울시 마포구 양화로 127 (서교동) 첨단빌딩 5층
전 화 ㅣ 02)338-9151
팩 스 ㅣ 02)338-9155
인터넷 홈페이지 ㅣ www.goldenowl.co.kr
출판등록 ㅣ 2002년 10월 30일 제 10-2494호

본부장 ㅣ 홍종훈
편집 ㅣ 조연곤, 양성미, 주경숙
디자인 ㅣ 이현주, 경은하
전략마케팅 ㅣ 구본철, 차정욱, 이동후, 나진호, 강호묵
제작 ㅣ 김유석

ISBN 978-89-6030-424-6 13320

Sales Image Tuning

세일즈에 스타일을 더하라

Second Edition

황 정 선 지음   **최 영** 감수

Sales
Image
Tuning

BM 황금부엉이

스타일이
당신의 **세일즈**를 **결정**짓는다

세일즈에 대한 수많은 책이 시중에 범람하고, 다양한 교육 프로그램들이 쏟아져 나오는 걸 보면 요즘은 분명 세일즈가 대세이다. 이 치열한 비즈니스 현장에서 살아남아야 하는 세일즈맨에게 중요한 것은 무엇일까? 영업 전략? 세일즈 기법? 판매 심리? 물론 중요하다. 기본 중의 기본이다. 하지만 이러한 세일즈 능력을 보여줄 수 있는 기회를 얻으려면, 고객에게 좋은 첫인상을 남기는 것이 먼저일 것이다. 따라서 세일즈맨에게 호감 가는 이미지와 스타일은 매우 중요하다.

똑같은 말을 전달해도 지저분한 머리와 어색한 옷차림을 한 사람보다 깔끔한 외모를 가진 사람에게 더 호감이 가고 긍정적으로 그 의견을 받아들이곤 한다. 외모가 깔끔하다는 것은 자기 관리가 철저하다는 말이고, 처음에는 일하는 스타일이나 성격을 모르니 고객 입장에서 보면 세일즈맨의 첫인상을 외모로 판단할 수밖에 없기 때문이다.

나는 이미지 컨설턴트라는 직업 특성상 다양한 직업의 사람들을 만난다. 그중 유독 세일즈맨들을 만났을 때 "수많은 세일즈맨을 만나는 고객들의 기억에 남으려면 다른 세일즈맨들과 차별화된 독특한 옷차림으로 어필해야 하지 않을까요?"라는 종류의 질문을 자주 받는다. 그러나 스타일을 자기 마음대로 멋 부리는 것쯤으로 생각하는 세일즈맨은 절대 스타일리시해질 수 없다. 그들은 스타일의 사회성을 무시하고 있기 때문이다.

스타일을 잘 갖춘 세일즈맨은 보는 사람을 편안하게 만든다. 고객에게 편안함을 주는 스타일은 분명 세일즈에 성과를 가져오는 중요한 역할을 하지만, 성공을 부르는 스타일링을 결정짓는 것은 옷차림이 아니라 애티튜드라는 것을 알아야 한다. 처음 만나는 자리에서 굽실거리는 것이 아니라 상대를 인정하고 존중하는 태도를 보여 주고, 만나면 먼저 웃으며 인사하고, 명함을 받으면 찬찬히 살펴본 후 정중하게 보관하고, 여성과 노약자를 배려하고, 뒷사람을 위해 문을 잡아 주는 등 일상의 소소한 모습들을 고객은 지켜보고 있다. 당신이 보여 주는 품위 있는 애티튜드는 어떤 명품보다 빛나는 스타일을 가져다줄 것이다.

따라서 세일즈맨의 스타일 관리는 필수이고, 자신의 스타일을 어떻게 관리해서 고객의 감성을 공략하느냐가 치열한 세일즈 현장에서 살아남는 당신의 비장의 한 수가 될 것이다. 이번 책에서는 어떤 고객을 만나더라도 불쾌한 느낌을 주지 않고, 어떤 세일즈 상황에서도 기분 좋은 응대를 할 수 있도록 60가지 테크닉을 제시했다. 이 책의 테크닉을 하나하나 연마하다 보면 어느새 당신의 세일즈에 품격 있는 스타일이 더해질 것임을 확신한다.

언제나 멋지게 세일즈하길 바라며 …… **황 정 선**

CONTENTS

 세일즈맨 체크 리스트 12

 세일즈우먼 체크 리스트 14

17 Appearance Technique

43 Visiting Technique

101 Reception Technique

135 Meeting Technique

177 Entertaining Technique

231 Trouble Technique

253 Occasion Technique

Sales
Image
Tuning

Self Check List ≫≫

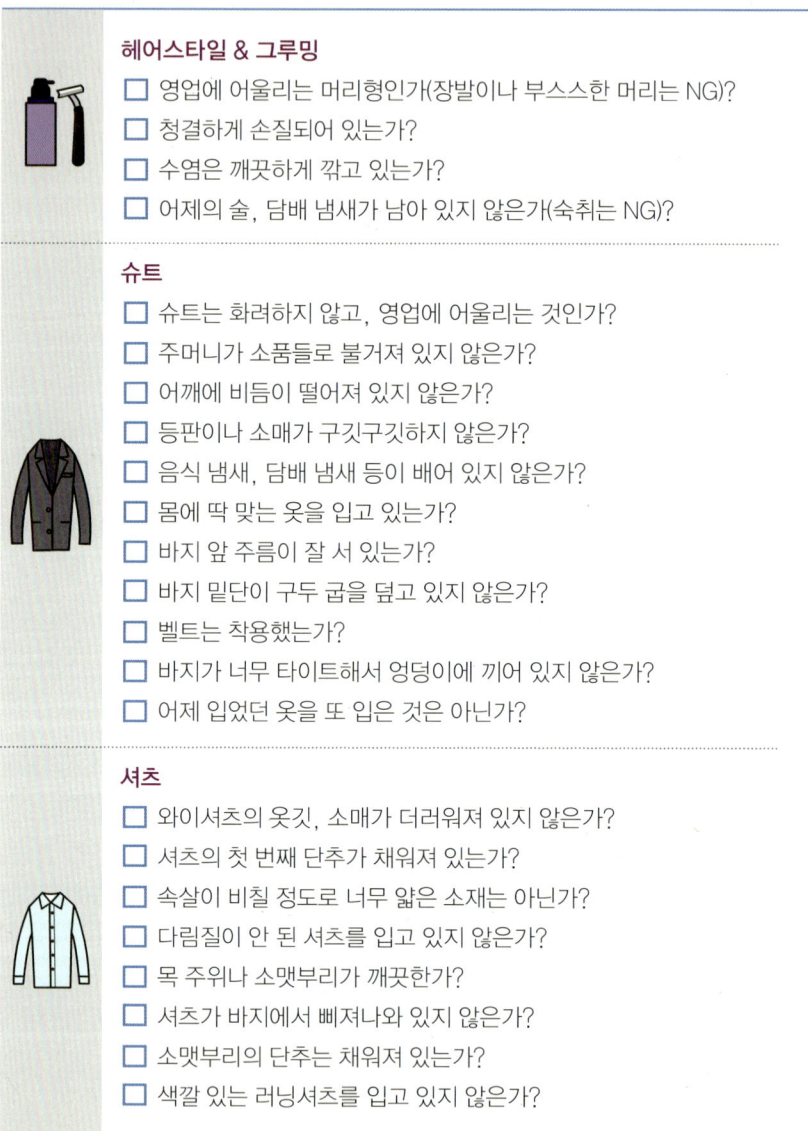

세일즈맨 체크 리스트

헤어스타일 & 그루밍

☐ 영업에 어울리는 머리형인가(장발이나 부스스한 머리는 NG)?

☐ 청결하게 손질되어 있는가?

☐ 수염은 깨끗하게 깎고 있는가?

☐ 어제의 술, 담배 냄새가 남아 있지 않은가(숙취는 NG)?

슈트

☐ 슈트는 화려하지 않고, 영업에 어울리는 것인가?

☐ 주머니가 소품들로 불거져 있지 않은가?

☐ 어깨에 비듬이 떨어져 있지 않은가?

☐ 등판이나 소매가 구깃구깃하지 않은가?

☐ 음식 냄새, 담배 냄새 등이 배어 있지 않은가?

☐ 몸에 딱 맞는 옷을 입고 있는가?

☐ 바지 앞 주름이 잘 서 있는가?

☐ 바지 밑단이 구두 굽을 덮고 있지 않은가?

☐ 벨트는 착용했는가?

☐ 바지가 너무 타이트해서 엉덩이에 끼어 있지 않은가?

☐ 어제 입었던 옷을 또 입은 것은 아닌가?

셔츠

☐ 와이셔츠의 옷깃, 소매가 더러워져 있지 않은가?

☐ 셔츠의 첫 번째 단추가 채워져 있는가?

☐ 속살이 비칠 정도로 너무 얇은 소재는 아닌가?

☐ 다림질이 안 된 셔츠를 입고 있지 않은가?

☐ 목 주위나 소맷부리가 깨끗한가?

☐ 셔츠가 바지에서 삐져나와 있지 않은가?

☐ 소맷부리의 단추는 채워져 있는가?

☐ 색깔 있는 러닝셔츠를 입고 있지 않은가?

타이

- ☐ 음식물 등으로 얼룩진 타이를 매고 있지 않은가?
- ☐ 매듭이 느슨하거나 휘어져 있지 않은가?
- ☐ 타이의 끝이 벨트 버클의 중앙에 위치하고 있는가?

손

- ☐ 손끝은 청결한가?
- ☐ 손톱이 너무 길지 않은가?

양말

- ☐ 의자에 앉았을 때 다리털이 보이지 않는가?
- ☐ 양말의 고무줄 부분이 느슨해져서 자꾸 흘러내리지 않는가?
- ☐ 발목 길이의 양말을 신고 있지 않은가?
- ☐ 냄새나는 양말을 신고 있지 않은가?
- ☐ 구멍 난 양말을 신고 있지 않은가?

구두

- ☐ 색이나 모양은 영업에 적합한가?
- ☐ 구두의 형태가 변형되어 있지 않은가?
- ☐ 뒷굽이 닳아 있지 않은가?
- ☐ 구두는 깨끗하게 관리되고 있는가?
- ☐ 구두끈은 단단하게 묶여 있는가?
- ☐ 구두 색과 벨트 색은 통일되어 있는가?
- ☐ 구두 안이 더러워져 있지 않은가?

세일즈우먼 체크 리스트

헤어스타일 & 그루밍

- ☐ 영업을 하기에 알맞은 헤어스타일인가?
- ☐ 청결하게 손질되어 있는가?
- ☐ 부자연스러운 색으로 염색되어 있지 않은가?
- ☐ 건강해 보이는 내추럴한 메이크업을 유지하고 있는가?
- ☐ 점심식사 후에는 화장을 고치고 있는가?

슈트

- ☐ 움직이기 쉽고 심플한 복장인가?
- ☐ 청결감이 전해지는 복장인가?
- ☐ 영업 활동에 너무 튀는 복장은 아닌가?
- ☐ 안감이 나오지 않았는가?
- ☐ 스커트가 너무 짧지는 않은가?
- ☐ 몸에 너무 달라붙지 않았는가?
- ☐ 스판 바지나 카고 바지 등 너무 캐주얼하지 않은가?
- ☐ 앉을 때 속살이 보이지는 않는가?
- ☐ 단추가 떨어지거나 실밥이 늘어져 있지는 않은가?

셔츠 & 블라우스

- ☐ 속살이 비칠 정도로 너무 얇은 소재는 아닌가?
- ☐ 뭔가 묻어 있지 않은가?
- ☐ 목 주위나 소맷부리는 깨끗한가?
- ☐ 깔끔하게 잘 다려져 있는가?

손

☐ 손톱이 너무 길지 않은가?

☐ 매니큐어 색이 너무 진하지 않은가?

스타킹

☐ 올이 나가지 않았는가?

☐ 갈아 신을 여분의 스타킹을 준비해 두었는가?

☐ 무늬가 있거나 망사 스타킹은 아닌가?

☐ 레깅스를 입고 있지 않은가?

구두

☐ 더러워져 있지 않은가?

☐ 굽이 닳아 있거나 형태가 망가져 있지 않은가?

☐ 공식적인 자리에 부츠를 신지 않았는가?

☐ 발꿈치와 발가락이 보이는 뮬이나 샌들을 신지 않았는가?

☐ 구두가 깨끗하게 닦여 있는가?

속옷

☐ 브래지어가 비치지 않는가?

☐ 어깨끈이 드러나지 않는가?

☐ 속옷이 삐져나오지는 않았는가?

☐ 진한 색의 속옷이 비치지 않는가?

Sales
Image
Tuning

Appearance Technique ➤➤➤

호감 가는 스타일

꼬질꼬질하면
없어 보인다

**NO.1
깔끔제일**

영업사원의 첫인상을 좌우하는 스타일. 자신이 만나는 고객의 수준에 맞춰 입는 것이 영업사원 스타일의 기본이라고 할 수 있다. 스타일도 영업 활동 중 하나이다. 영업사원에게 요구되는 스타일이란 화려한 옷차림이나 진한 메이크업이 아니라, 헤어스타일과 옷차림을 정돈하고 말씨나 태도를 예의 있게 유지하는 것이다. 따라서 아무리 유능하다고 해도 타인에게 불쾌감을 주는 불결한 옷차림을 하고 있다면 영업사원으로서는 실격이다. 호감 가는 인상을 주기 위해서 청결한 몸단장은 필수조건이기 때문이다. 깔끔하게 다림질된 슈트는 상대에게 예의 바른 인상을 준다. 또 영업 활동에서의 복장은 패션이 아니라 '업무복'인 점을 염두에 두고 너무 화려하지 않은 옷을 선택하는 것도 중요하다.

자신이 만나는 고객의 스타일과 비슷하게 연출하면 호감도를 올릴 수 있다. 상대의 스타일을 잘 모를 경우라면 평소보다 약간 수수하게 입는 것이 안전하다. 옷차림으로 개성을 전달하는 것이 아니라 옷을 입고 있는 자신에게 주의를 집중시키는 것이 세일즈 스타일의 목적이라는 것을 잊지 말자.

호감 가는 스타일

A 청결감이 제1조건

직장에서의 복장은 패션이 아니다. 유행하는 옷이나 고가의 옷이 아니라 호감을 줄 수 있는 옷을 입어야 한다. 수염을 기르거나 셔츠에 주름이 있는 것은 설령 그것이 멋을 위해서 일부러 하는 것이라도 상대에 따라서는 깔끔하지 않게, 즉 불결하게 받아들여진다는 점을 명심해야 한다. 빳빳하게 다림질되고 얼룩이 없는 청결한 복장이 신뢰감을 가져다준다.

B 주위와 어울리도록

복장 규정이 있는 직장의 경우에는 그 규정에 따른다. 주위에 맞추는 것이 좋다. 업계나 사풍에 따라서 복장에 대한 의식은 미묘하게 다르기 때문에, 직장만의 독특한 감각을 익히는 데는 시간이 걸릴지도 모른다. 개성을 강조하기보다는 약간 수수한 코디가 훨씬 믿음을 준다.

C 복장뿐만 아니라

호감 가는 스타일은 복장에서만 나오는 것이 아니다. 헤어스타일, 피부색, 냄새 등 옷뿐만 아니라 신체 생리에 관련된 것에도 두루 주의하자. 구취, 체취, 땀자국 등은 스타일을 떠나 에티켓 위반이다. 그렇다고 너무 진하게 향수를 뿌리는 것은 더욱 금물이다. 또 숙취나 눈의 충혈 등 건강하지 않은 인상을 주는 것도 좋지 않다. 여성의 경우 내추럴 메이크업이 기본이라고 해도, 화장을 안 한 맨얼굴은 사회인으로서 예의에 어긋난 행동이라는 것을 명심하자.

Hot Button

지루해 보이지 않도록
신뢰감을 중시한 나머지 늘 같은 스타일을 연출하는 것은 자칫 지루하게 보일 수도 있다. 따라서 외근이 없는 날에는 평소와는 조금 다른 모습을 연출하거나 셔츠나 타이에 유행하는 것을 하나쯤 시도해 보는 것도 좋다.

세일즈맨의 비즈니스 웨어

찌질하게 보이지
않는 것이 중요!

비즈니스 웨어는 중요한 세일즈 툴이다. 고작 복장이라고 얕보다간 생각지도 않은 실패를 할지도 모른다. 적어도 이 정도를 갖추고 있으면 찌질하게 보이지 않을 수 있는데, 일단 슈트는 세 벌을 준비한다. 봄, 가을, 겨울에 입을 수 있는 것으로 두 벌, 나머지 한 벌은 무더운 여름을 대비해 여름용 슈트로 갖춰 두면 요긴하다. 고객을 대하는 시간이 많으니 고객에게 신뢰감을 주고 친근함이 느껴지는 이미지로 연출하는 것이 좋다. 셔츠는 일주일 동안 세탁하지 않아도 버틸 수 있도록 6~7장 정도를 갖춰 두면 좋은데, 더럽지 않더라도 매일 갈아입는 것이 기본이다. 양말은 셔츠와 똑같이 6~7켤레를 갖춰 두자. 급한 접대 등에 대비해 사무실에 깨끗한 양말을 1켤레 준비해 두면 도움이 된다.

호감 가는 스타일의 요지는 타인에게 불쾌감을 주지 않는 것이다. 능력 있다는 말을 듣기 위해서는 상대에게 위화감을 주지 않는 것이 중요하지만, 거기에서 한 걸음 더 나아가 안도감을 주는 것도 중요하다.

세일즈맨의 비즈니스 웨어

A 세일즈맨의 기본 몸단장

슈트 비싼 슈트는 역효과. 평소 주름이 가지 않도록 신경을 쓴다.

와이셔츠 너무 화려하지 않도록. 또 짙은 색은 어두운 인상을 주기 때문에 그다지 좋지 않다. 셔츠 깃은 항상 하얀 상태로 목둘레에 맞게 유지한다. 땀으로 셔츠가 달라붙어 있어서는 안 된다.

넥타이 화려하게 보이지 않는 범위에서 스트라이프, 프린트 무늬 등으로 통일하면 고객에게 좋은 인상을 줄 수 있다.

구두 아침에 나가기 전에 가볍게 닦는 것만으로도 광택이 다르다.

B 그래도 멋 부리고 싶다면

세일즈맨의 경우 청결감 넘치는 모습이 최대의 멋이 된다. 멋 부린 남자보다 청결한 남자가 훨씬 좋은 인상을 준다는 점을 기억하자. 중요한 것은 무엇을 입느냐보다 어떻게 입느냐이다. 유행 스타일이 아니라 베이직 슈트를 단정하게 입어야 한다는 것을 명심하자. 그래도 멋쟁이 스타일을 즐기고 싶을 때에는 넥타이나 소품 등으로 자연스럽게 어필해 보자.

Hot Button

출근 전 체크!

헤어
짧은 머리가 훨씬 깔끔한 인상을 가져다 준다. 뒷머리, 구레나룻 등은 너무 기르면 불결하게 보이기 쉽다.

수염
자신은 마음에 들지 몰라도 지저분하게 느끼는 사람이 적지 않다.

비듬
어깨뿐만 아니라 등에도 붙어 있지 않은지 체크하는 습관을 갖는다.

겨드랑이
땀으로 누레지거나 땀자국이 생기면 안 된다. 냄새나지 않도록 주의한다.

발
발에는 무좀 등이 없고, 냄새나지 않는 양말과 통기성 좋은 구두가 기본이다.

세일즈우먼의 비즈니스 웨어

화려한 스타일은
아니므니다!

NO.3 수수여신

여성에게도 비즈니스 웨어는 중요한 세일즈 툴이다. 멋부리기보다는 약간 수수하고 일하기 편한 복장을 갖춘다. 남성과 마찬가지로 기본은 슈트 스타일이다. 똑같이 슈트라고는 해도 여성의 경우 디자인이 다양하기 때문에 TPO에 맞는 복장을 잊지 않도록 늘 신경 쓰자. 슈트에 따라 보디라인이 강조되거나 스커트가 짧거나 트임이 깊게 들어가 있는 경우도 있는데, 이런 것들은 고객에게 위화감을 조성하니 피하는 것이 좋다. 슈트 안에는 청결하고 심플한 셔츠나 블라우스를 입자. 셔츠 단추를 너무 많이 풀어놓으면 안 된다. 블라우스의 경우 프릴 등이 많으면 화려한 인상을 주어 오히려 일에 방해가 되기도 하니 주의한다. 한여름이라도 고객과 면담을 하거나 미팅이 있을 때에는 웃옷을 착용하는 것이 예의이다. 한여름에는 통기성 좋은 소재를 고르면 한결 시원해 보인다.

여성들이 좋아하는 반짝이 소재는 의복뿐만 아니라 화장품 등에도 다양하게 사용되지만, 직장에서는 반짝이가 아니라 성과로 빛나는 존재가 되는 것을 목표로 하자.

세일즈우먼의 비즈니스 웨어

A 세일즈우먼의 기본 몸단장

헤어 롱 헤어도 상관없지만 상담이나 식사 중에 신경이 쓰이지 않도록 묶거나 올린다.

화장 내추럴 메이크업을 명심한다. 눈썹은 너무 가늘지 않게 다듬고, 아이섀도는 은은하게 바른다. 입술도 너무 눈에 띄는 색은 좋지 않지만, 지나치게 어두운 색은 건강해 보이지 않으므로 주의한다.

셔츠 청결감에 신경 써서 심플한 것을 입는다.

슈트 바지는 일 잘하는 여자처럼 보일 수도 있지만 역효과를 낼 수도 있으니 상황에 따라 구분해서 입는다.

구두 걷기 편한 것을 최우선으로 한다. 너무 높은 힐은 적합하지 않다.

B 액세서리는 고상한 것으로

귀걸이나 목걸이, 팔찌, 반지 등 액세서리는 업무에 방해되지 않는 것이 전제이다. 큰 것보다 작은 쪽이 고상해서 호감을 갖게 한다. 단 고가의 액세서리는 피하자. 생각지도 않게 손상되거나 분실하는 경우도 있다.

Hot Button

눈썹 / 눈

정돈하지 않고 덥수룩하다면 에티켓 위반. 자연스러운 모양으로 정돈한다. 아이섀도는 옅은 색을 눈에 띄지 않게 사용한다. 컬러 렌즈는 피하는 것이 무난하다.

입술

내추럴한 색을 고른다. 립글로스는 너무 반짝이지 않도록 바른다.

피부

건강한 피부로 보이는 파운데이션 색을 고른다. 목과 얼굴색이 다르면 부자연스럽기 때문에 주의한다. 눈가의 기미는 건강하지 않게 보이므로 컨실러 등으로 커버한다.

뺨

얼굴색이 좋지 않은 경우에는 살짝 볼터치를 하면 표정에 생기가 돈다.

손톱

불필요하게 기르지 않는다. 눈에 띄는 색의 매니큐어는 피하는 것이 좋다.

비즈니스 소품

간지는
소품에서 나온다

옷차림을 정돈할 때 가장 중요한 것은 전체적인 조화이다. 슈트, 셔츠, 넥타이, 구두 등이 각각 좋은 물건이라도 전체 밸런스가 맞지 않으면 깔끔해 보이지 않으니 각별히 신경 쓰도록 하자. 당신이 입거나 소지한 모든 것이 당신의 전체적인 이미지를 만들어낸다. 스포츠 시계나 싸구려 모조 보석류를 착용하는 것은 비즈니스 정장과 어울리지 않는다. 또한 낡은 서류가방이나 뒷굽이 군데군데 벗겨진 하이힐을 신는다면 슈트로 완성된 당신의 이미지를 망치게 된다는 점을 명심하자.

소품의 소재에 일정한 통일감을 주면 스타일이 살아난다. 색이나 질감이 가지각색이면 어딘가 촌스러워 보이는 법이다. 가방, 구두, 벨트 같은 가죽 소재라면 검정은 검정끼리, 갈색은 갈색끼리 거의 같은 색으로 통일시키면 세련되어 보일 수 있다. 또 벨트 버클이나 시계 프레임 등 금속 소재인 경우 금은 금끼리, 은은 은끼리 통일시키면 신뢰감을 주는 스타일로 완성된다.

비즈니스 소품

A 구두

 끈으로 묶는 타입의 기본적인 것이 좋다. 스니커즈나 부츠는 비즈니스용이 아니다.

힐 높이 3~5cm 정도의 펌프스가 피곤하지 않다. 뮬, 발끝이 뾰족한 타입, 부츠 등은 영업에는 어울리지 않는다.

B 양말

 양말 색은 슈트와 같은 계열 색의 다크한 것을 선택한다. 흰색 스포츠 양말이나 발목 양말은 슈트에 어울리지 않는다.

스타킹이나 타이즈 색은 피부에 가까운 색이 무난하다. 컬러나 망사 타이즈, 무늬가 들어간 것은 어울리지 않는다.

C 가방

모양이 쉽게 변하지 않는 손으로 드는 타입의 브리프케이스가 기본이다. 배낭은 슈트에는 부적합하다. 남성이 숄더백이나 클러치백을 들면 자칫 일수 가방으로 보일 수 있다는 점을 명심하자.

브랜드나 디자인보다도 기능적인 것을 선택한다. 가방 안에 칸막이가 많은 타입이 사용하기 편하다. 파우치를 사용하면 가방을 바꿔 들 때에 소품을 한꺼번에 교체할 수 있어 편리하다.

D 시계

최근에는 손목시계도 액세서리 감각으로 차는 경우가 많아졌지만, 그렇다고 해도 디자인이 지나치게 독특하거나 기발한 것 등은 피한다. 휴대전화가 아닌 손목시계로 시간을 체크하는 모습은 시간을 중요하게 생각한다는 이미지를 전달할 수 있다.

Hot Button

벨트
색이나 디자인은 클래식한 것을 고르자. 브랜드 로고가 크게 들어간 화려한 버클이나 웨스턴 스타일의 캐주얼한 것 등은 슈트에 어울리지 않는다.

비즈니스 소지품

사소한 차이가
품격을 가져다준다

한 번 상상해 보자. 매우 프로페셔널하고 스타일리시해 보이는 세일즈우먼이 있다. 명함 교환을 위해 꺼낸 그녀의 명함지갑에 스티커 사진이 붙어 있고, 계약서를 작성하기 위해 그녀가 꺼낸 펜이 캐릭터 볼펜이었다면? 그 순간 신뢰감은 반감될 것이다. 물론 귀여운 것이 내 취향이라고 항변하는 여성도 있겠지만, 그렇게 취향이 드러나는 소지품은 모두에게 과시하는 것이 아니라 개인적으로 즐기는 것이다. 사람들 눈에 띄는 소지품은 반드시 비즈니스 장면에 적합한지 아닌지를 점검해야 한다. 항상 세일즈를 의식한 소지품을 갖추는 것이 현명하다.

명함지갑, 스케줄 수첩, 필기도구, 지갑 등 다양한 종류의 비즈니스 소지품이 필수이다. 최근에는 스마트폰으로 주소록이나 스케줄을 관리하는 사람도 있지만, 미팅 중에 비즈니스 상대 앞에서 스마트폰을 들여다보는 것을 불쾌하게 생각하는 사람도 있다. 하찮게 보이는 소지품이라 할지라도 하나의 메시지를 전달하고 있음을 기억하자. 사소한 것이 당신을 특별하게 만들 수도 있다.

비즈니스 소지품

A 명함지갑

명함은 반드시 명함지갑에서 나와야 한다. 카드지갑과 겸용하지 않는 것이 좋다. 기왕이면 질 좋은 것을 고르도록 한다. 명함지갑에는 넉넉하게 명함을 넣어 둔다. 최근에는 디자인에 공들인 명함지갑이 많은데, 꺼내고 넣는 것이 불편한 것도 많다. 명함지갑은 꺼내고 넣는 것이 편리하고, 가장 기본적인 두 칸으로 나뉘어 있는 것을 추천한다. 색은 갈색이나 검정, 짙은 그레이 등의 심플한 것을 선택한다.

B 지갑

사람 앞에서 돈을 꺼내는 일도 있기 때문에 너덜너덜하다면 당장 교환하도록 한다. 영수증 등을 잔뜩 집어넣어 빵빵해진 지갑은 스타일뿐 아니라 신뢰감도 망치게 된다. 얇고 단단해 보이는 가죽지갑은 부티 나게 보이는 데 제격이다.

C 필기도구

사인을 하는 순간에 꺼내는 펜은 그 사람의 능력과 감각, 신뢰감까지도 단시간 내에 올려 준다. 길에서 나눠 준 싸구려 볼펜은 세일즈 현장에서 절대로 꺼내면 안 된다. 펜과 연필, 지우개 등은 펜 케이스에 넣어서 가지고 다니면 편리하다.

D 스케줄 수첩, 메모장

캘린더가 달린 수첩은 필수품이다. 예정이나 메모를 적어 놓으면 약속을 잊어버리지 않는다. 거래처를 방문할 때에는 바로 꺼내서 쓸 수 있도록 메모 수첩이나 포스트 잇을 준비해 두면 좋다. 스마트폰에도 스케줄이나 전화번호를 등록할 수 있지만, 세일즈 상대의 눈앞에서 입력하는 것은 스마트해 보이지 않는다.

Hot Button

손수건
흐르는 땀을 그냥 방치하거나 휴지로 닦는 것보다 손수건을 꺼내서 닦는 사람이 훨씬 깔끔하게 보인다. 깔끔해 보이는 손수건의 조건은 다림질이 잘 되어 있는 것이다. 매일 바꿔서 사용하도록 한다.

헤어스타일

역사가 느껴지면
아니, 아니 되오!

복장과 마찬가지로 헤어스타일은 첫인상을 결정하는 핵심 요소인 동시에 가장 중요한 패션 액세서리이다. 날마다 착용하고 다니는 것이기 때문이다. 헤어스타일을 시대와 맞추면 유연하고 개방적이라는 이미지를 주게 되지만, 연출한 헤어스타일이 구식으로 보이면 고집스럽고 보수적인 이미지를 줄 수 있다. 따라서 유행에 민감할 필요는 없지만 절대 뒤처져서도 안 되는 것이 헤어스타일이다.

세일즈에서 헤어스타일의 기본 역시 청결감이다. 빗질하지 않은 헤어, 잠잔 흔적이 남아 있는 헤어, 비듬이 있는 헤어 등은 세일즈 이전에 사회인으로서 결격 사유이다. 염색에 관한 허용 범위는 직장에 따라서 다르지만 주위에 불쾌감을 주지 않고, 일에 방해가 되지 않는 선을 고려하자. 여성의 경우 헤어스타일 자체는 찰랑찰랑해서 예쁘더라도 계속 얼굴에 걸리는 것은 업무에 지장을 준다. 따라서 긴 머리라면 깔끔하게 묶거나 올리는 것이 보기에도 좋다. 헤어 액세서리는 조금 작고 화려하지 않은 것을 고르자. 남녀 모두 눈에 머리카락이 걸리지 않는 헤어스타일로 연출한다.

헤어스타일

A 헤어 컬러 포인트

희망하는 색보다 한 톤 가라앉은 색을 선택한다

영업사원의 경우 한눈에 염색한 것이 드러나지 않는, 눈에 띄지 않는 색이 무난하다. 자신이 원하는 색보다 한 톤 정도 차분한 색을 고르자. 진한 브라운은 얼굴색을 밝아 보이게 하는 효과도 있다.

염색하면 애프터 케어도 잊지 말자

염색한 머리가 자라면 다른 색의 층이 생겨 보기 흉하다. 일단 염색을 하면 거의 매달 다시 염색해서 깔끔하게 유지해야 된다는 점을 기억하자.

B 세일즈에서 허용되는 염색 컬러

최근에는 머리 염색을 한 남성들도 많이 보게 된다. 직장에 염색한 사람이 있다고 해서 완전히 자유롭다는 뜻은 아니다. 여전히 헤어 컬러에 대해 보수적인 사람이 있을지 모른다. 염색을 결심했다면 상사나 선배의 모습을 관찰하자. 회사 전체의 분위기나 고객이 무엇을 기대하고 있는지를 언제나 고려해야 한다.

C 헤어스타일에 망설인다면

자신에게 어울리는 헤어스타일을 찾는 것도 중요하지만 손질하기 쉬운 스타일이 더욱 중요하다. 자신의 머리 형태, 머리결 등을 고려하자. 망설여진다면 미용실에 갔을 때 헤어 디자이너와 상담해 보는 것도 좋다.

Hot Button

안녕하십니까?

혹시 수상한 사람 아닐까?

수염으로 개성을 표현하고 싶다

패션업계 등 스타일에 개성을 발휘하는 것이 일인 직종이라면 드문 일이 아니고, 고객을 직접 대면하지 않는 연구직 등에서는 허용되기도 한다. 그러나 세일즈처럼 고객과 대면하는 직종의 경우라면 대체로 금지된다.

Sales
Image
Tuning

Visiting Technique >>>

방문할 때까지의 준비

갑작스런 방문은 충격! 깜짝 놀람!

사전 약속 없이 거래처를 방문하는 것은 매너를 따지기 전에 민폐이다. 그렇다고 전화 한 통으로 약속을 잡고, 기계적으로 카탈로그와 팸플릿 한 세트, 수첩, 명함지갑, 노트북 등을 챙긴 후 준비를 다했다고 생각한다면 당신은 아직 하수이다. 같은 상품이라도 상대가 원하는 정보와 그 미팅에 임하는 배경은 다양할 수밖에 없다. 획일적인 준비로 끝내는 것은 상대를 전혀 배려하지 않는 것과 마찬가지이다.

방문 일정을 잡을 때에도 상대에 대한 배려가 요구된다. 어떤 건으로 찾아뵙고 싶다고 목적을 전하는 것은 물론, 소요시간이나 대략적으로 희망하는 날짜와 시간까지 알리면 상대는 스케줄을 조정하기가 쉬워진다. 방문 부탁을 한 쪽에서의 약속 변경은 긴급 사태를 제외하곤 엄금이라는 것을 명심하자. 만일 어쩔 수 없이 변경해야 한다면 한시라도 빨리 연락한다. 한 번 변경했던 약속을 두 번, 세 번 변경하는 일은 절대로 해서는 안 된다. 그런 경우에는 일단 취소하고 약속을 다시 잡는 쪽이 현명하다.

방문할 때까지의 준비

A 선약 잡는 순서

· 전화로는 우선 상대방에게 상황이 좋은 일시를 묻는다.

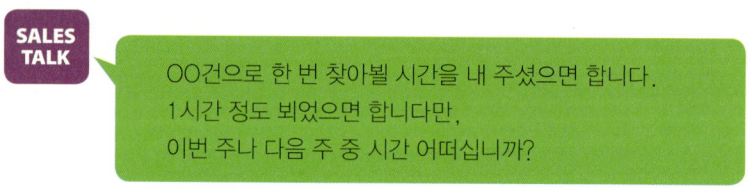

SALES TALK

OO건으로 한 번 찾아뵐 시간을 내 주셨으면 합니다.
1시간 정도 뵈었으면 합니다만,
이번 주나 다음 주 중 시간 어떠십니까?

· 자신의 사정이 맞지 않을 때에는 대안을 제시한다.

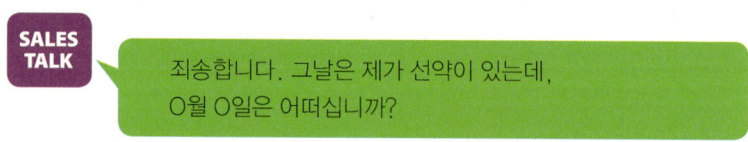

SALES TALK

죄송합니다. 그날은 제가 선약이 있는데,
O월 O일은 어떠십니까?

· 아무 때나 좋다고 하면 이쪽에서 지정한다.

감사합니다. 그러면 O월 O일은 어떠십니까?

B 선약을 잡을 때의 주의점

- 용건, 소요시간, 희망 일시 등을 확실히 전달한다. 일시는 특별한 사정이 없는 한, 한 날짜만 제안하지 말고 여러 날을 제시한다.
- 업무 시작이나 종업 시간 전후, 점심시간, 월말 등 상대방이 바쁠 것 같은 시간대는 피한다.
- 약속까지 날짜가 많이 남아 있을 때에는 전날 다시 전화를 걸어서 반드시 확인한다.

C 약속을 변경할 때

변경을 알게 된 시점에 바로 연락

상대는 방문 예정에 맞춰 일정을 잡고 있으므로 연락이 최우선이다.

우선 사과하고, 이유를 간결하게 설명

대단히 죄송합니다. 급한 출장이 생겨서 약속 변경을 부탁드리고 싶습니다만……

변경 후 약속을 확인

약속 변경 일시는 상대방의 상황에 맞춘다. 결정하면 다시는 변경할 수 없다는 마음의 준비를 하자.

D 전화로 약속 잡기

1. 용건을 말한다 – 간결하게, 이해하기 쉽게!

SALES TALK

> 지난번 말씀드렸던 신상품의 설명으로 찾아뵙고 싶습니다만, 괜찮으시겠습니까?

2. 일시를 정한다 – 구체적인 날짜 잡기를 제안!

SALES TALK

> 이번 주말, O월 O일이나 O일은 어떠십니까?
> 시간은 오전과 오후 어느 쪽이 괜찮으십니까?

3. 소요시간을 전한다 – 여유 시간을 플러스!

SALES TALK

> 카탈로그를 가지고 설명하는 것뿐이니, 30분 정도 시간을 내 주셨으면 합니다.

4. 사람 수를 알린다 – 누가 가는지를 명확하게!

SALES TALK

> 저와 부장인 OOO 둘이서 방문하겠습니다.

5. 연락처를 가르쳐준다 – 언제라도 임기응변의 대응을!

SALES TALK

> 만약을 위해 제 전화번호를 말씀드리겠습니다.
> 010-OOOO-OOOO입니다. 무슨 일이 있으시면
> 언제든 연락 주십시오.

| 답장 | 전체답장 | 전달 | ✕삭제 | 스팸신고 | 이동 ▾ | PC에 저장 ▾ |

OO 회사입니다

안녕하십니까?
OO 회사입니다.
지난번에는 바쁘신 중에 시간을 내 주셔서   **인사**
정말로 감사드립니다.

그럼, 지난번 이야기하셨던 건의
견적이 완성되었으므로,   **용건**
여러 가지 설명해 드리고 싶습니다.
5월 1일, 2일이나
5월 3일 오전 중   **일시**
가능하신 날짜에 시간을 내 주셨으면 합니다.
편한 시간을 알려 주시기 바랍니다.
30분 정도 시간을 내 주시면 감사하겠습니다.   **소요시간**

나중에 다시 전화드리겠습니다. ◀—   메일은 일방적인
아무쪼록 잘 부탁드립니다.   통신 수단이므로,
감사합니다.   전화로 확인하는
                                        일을 잊지 말도록

주식회사 OO
영업2부 공공영업팀
Tel: 02-OOOO-OOOO   **연락처**
Mail: mail @ OO.co.kr
www.OO.co.kr

거래처의 정보를 수집하는 방법

사전 준비만이
살길이다

방문 전에 상대에 대한 정보가 많으면 많을수록 영업 활동에 자신감이 붙는다. 방문처에 가서 "그런데 귀사의 주력 상품은 무엇입니까?" 등의 황당한 질문을 한다면 상대는 기본이 안 되어 있다고 생각할 것이다. 최근에는 정보수집이라면 바로 인터넷 검색을 떠올리는 일이 많은데, 인터넷에서 얻을 수 있는 정보를 사용할 때는 충분한 주의가 필요하다. 객관적인 정보를 제공하는 공식 홈페이지에서 얻은 정보라면 괜찮지만, 누구나 기재할 수 있는 게시판이나 출처가 확실하지 않은 정보를 그대로 믿어 버리는 것은 상당히 위험하다.

사실 인터넷에 공개되지 않는 고급 정보는 주위 동료나 선배, 상사가 갖고 있는 경우가 많다. 우선은 제일 가까운 휴먼 네트워크부터 확인해 보자. 다만 주의했으면 하는 것은 아무리 많은 정보를 모았다고 해도, 절대 "귀사는 이렇지요." 식으로 아는 척해서는 안 된다. 상대에게 불쾌감뿐만 아니라 불신감까지 들게 만들 것이다. 어디까지나 외부 사람이 손에 넣을 수 있는 정도의 정보만을 언급하는 것이 기본이다.

거래처의 정보를 수집하는 방법

A 홈페이지

기업 개요, 기업 이념은 확실히 알아 둔다. 언론 보도, 홈페이지에서 강조하고 있는 서비스를 파악하고 주요 거래처에 신규 추가는 없는지 확인한다. 링크를 통해 기업의 우호 관계를 살펴보는 것도 좋은 정보가 될 것이다.

B SNS

페이스북, 트위터, 카카오톡, 인스타그램 등 소셜 네트워크 서비스(SNS)가 시대의 화두이다. 사용자가 전문 분야, 직책, 경력, 학력 등 상세한 프로필을 등록하기 때문에 거래처 정보를 수집할 때에도 참고하는 편이 좋다.

C 신문

주요 고객의 인사 정보, 제품 정보, 주가 등은 항상 꼼꼼하게 체크해 둔다.

D 전임 담당자

상대방 담당자의 성격, 주의점, 지금까지의 경위 등은 전임 담당자를 통해 확실히 확인해 둔다.

E 상사, 베테랑

전임자가 있으면 자연스럽게 정보를 수집한다. 사이가 좋았던 당시의 담당자가 현재의 의사결정권자로 승진해 있을지도 모른다.

Hot Button

이미 다 알고 있다구~.

귀사를 잘 알고 있다, 모든 것을 조사해 왔다는 인상을 주면 안 된다. 모르는 척하면서 귀를 기울이고 상대의 말에 자신이 조사한 것을 한마디 더하는 편이 좋다. 알고 있는 것을 전부 쏟아붓는 자리가 아니다. 때로는 역효과가 날 수도 있으니 주의하자.

접수처의 인사부터 담당자가 나타날 때까지

누군가는 당신을 지켜보고 있다

방문한 곳의 접수처에 가서 찾아온 용건을 알린 후 담당자를 기다리는 동안, 동행자와 수다를 떨거나 큰 소리로 사적인 전화 통화를 하는 등 긴장감 없는 모습을 자주 본다. 얘기를 하는 것 자체가 나쁜 행동은 아니지만 편안하게 농담을 하고, 서로 웃고 떠드는 모습은 방문객이라는 사실을 망각한 것으로 보인다. 방문처의 문을 연 순간부터 항상 누군가에게 보여지고 있다는 것을 의식하고, 미팅 전의 최종 점검에 신경 쓰자.

담당자를 기다리는 시간은 최후의 체크 타임이다. 지참한 자료에 누락이 없는지를 확인한다. 만약 잊은 것이 있다면 회사에 연락해 팩스나 메일을 통해 전달받고, 그게 여의치 않으면 상대방에게 전할 사과의 말을 생각해 둬야 한다. 휴대전화는 전원을 끄거나 진동으로 설정해 미팅 중에 벨소리 등이 울리지 않도록 해 둔다. 사소한 부주의로 상대방을 불쾌하게 만들지 않도록 최후의 확인이 필요하다.

접수처의 인사부터 담당자가 나타날 때까지

> 접수처에 먼저 온 사람이 있을 때는 떨어져 있는 것이 기본!

A 회사 안으로 들어가기 전 체크 사항

내용 관리

거래처에 관한 정보 수집이나 필요서류 준비 등 미팅에 필요한 내용을 확실하게 준비한다. 회사를 나오기 전에 빠뜨린 것은 없는지 재확인하자.

시간 관리

약속 시간 10분 전에는 거래처에 도착해서 여유를 갖고 정시에 방문하도록 하자. 지각은 말할 것도 없다. 또 너무 일찍 도착해도 상대방을 당황하게 할 수 있으니 주의한다.

인상 관리

상대에게 호감을 줄 수 있도록 이미지를 점검하자. 내용 관리에만 신경 쓰느라 자신의 이미지를 챙기는 사람은 많지 않기 때문에, 깔끔한 인상을 줄 수 있다면 다른 사람과 차이를 만들 수 있다. 미리 화장실에 가서 복장이나 흐트러진 머리 등을 체크한다.

B 접수처에서 인사

· 회사명과 이름을 말하고 상대방 담당자의 이름과 약속 시간을 얘기한다.

SALES TALK
> 3시에 영업부 OO 씨와 약속이 있어서 방문했습니다.
> B사의 OOO이라고 합니다.

· 접수처에서 이쪽의 회사명이나 이름을 모르는 경우에는 명함을 보이든지 건넨다.
· 면회록 등에 기입하는 경우에는 상대방 담당자란에 '님'을 붙이는 것이 좋다.
· 방문증을 건네받으면 알기 쉬운 장소에 잘 두자.

Hot Button ....

접수처에 경비나 수위 아저씨가 있는 경우에는 밝고 정중하게 인사할 것. 얼굴을 기억하게 되면 앞으로 강력한 내 편이 된다.

> 안녕하세요? OO 회사의 아무개입니다.
> OO부의 OO 과장님과 3시에 약속을 했는데요.

접수처가 없는 회사에서는

입구에서 문을 노크한다

· 대답이 있고 안에서 문을 열어 줄 때까지 기다린다.

· "들어오세요."라는 대답이 들리면 자신이 문을 열고 들어간다.

· 대답이 없는 경우에는 3번 정도 노크를 반복한 후 조용하게 문을 열고 입실한다.

SALES TALK

실례합니다. 실례하겠습니다.

입구에 안내 전화가 있는 경우

· 상대방의 부서명, 전화번호를 확인하고 내선으로 방문을 알린다.

· 본인이 없는 경우에는 전화를 받은 사람에게 전해 달라고 부탁한다.

Hot Button

코트는 미리 벗어 놓는 것이 기본!

들어가기 전에 코트를 벗어 두는 이유
혼잡한 엘리베이터 안에서 벗는 것은 주위에 폐가 되기 때문이다. 따라서 겨울에는 코트, 장갑, 목도리 등을 입구 앞에서 벗고 한 손에 들고 들어가고, 여름에는 들어가기 전에 웃옷을 착용한다.

D 접수처 담당에게 안내를 받으면

안내에 따라서 회의실로 입실한 후 의자를 권하면 자리에 앉는다. 자리를 권하지 않는 경우에는 하석에 자리를 잡고 서서 기다린다. 면회자가 입실하기 전에 필요서류, 자료, 명함 등을 준비해 둔다.

E 상대방 담당자를 기다리는 방법

코트, 가방 등을 상대가 권하기 전에 마음대로 테이블 위에 놓거나 마음대로 옷걸이에 거는 것은 실례이다. 가방은 자신의 발밑에 두고, 옆 의자에 두지 않는 것이 기본이다. 코트는 권하지 않으면 개서 자리의 뒤나 가방 위에 두고, 권하면 옷걸이에 걸도록 한다.

Hot Button ....

2~3m

먼저 온 고객이 접수처에 있을 때는
다른 내방객의 이야기가 들리지 않는 위치인 2~3m 후방에서 부드러운 표정으로 대기한다. 이때에도 주머니에 손을 찔러 넣거나 한숨을 쉬는 등 부정적인 몸짓을 하지 않도록 주의한다.

응접실의 좌석순위

눈치 없이 아무 데나 앉으면 밉상!

바쁜 세일즈 현장에서는 효율 높은 미팅 진행이 요구된다. 과거에는 미팅을 위해 따로 준비된 응접실을 주로 사용했지만, 오피스 공간 합리화에 따라 최근에는 간단히 파티션으로만 구분된 상담 코너를 사용하는 일이 많아졌다. 응접실인 경우 '3인용이 상석, 1인용이 하석' 이라는 규칙이 존재하지만, 상담 코너의 경우 상석과 하석을 정확히 구분하지는 않는다. 그렇다고 해도 매너는 필요한데 키포인트는 '상대를 배려한다' 는 점이다.

미팅 중이라고 해도 전화를 받거나 자료를 가지러 가는 등 자리를 뜰 일이 생긴다. 그럴 경우 상대방이 편하게 움직일 수 있는 자리에 앉을 수 있도록 배려한다는 것을 전제로 자신이 앉을 위치를 정하자. 단, 상대가 "이쪽으로 앉으세요." 라고 권해 준 경우라면 그냥 순순히 따른다. "아닙니다. 제가 저쪽에 앉겠습니다." 등의 지나친 배려는 오히려 상대를 무안하게 한다. 형식에 얽매여 쓸데없이 시간을 낭비하지 않도록 행동하는 것이야말로 영업사원이 갖춰야 할 최고의 매너인 것이다.

응접실의 좌석순위

A 상석 구분하는 법

방의 구조나 넓이, 창문, 출입구의 위치, 인테리어 등에 따라서 상석, 하석을 판단하기 어려운 경우도 있다. 상석을 결정할 때 우선 순위는 다음과 같다.

① 출입구의 위치 : 출입구에서 먼 쪽이 상석, 가장 가까운 자리가 말석
② 의자 형태 : 긴 의자 → 팔걸이 의자 → 팔걸이 없는 의자
③ 장식품과의 위치 : 장식품이 정면으로 보이는 자리가 상석

숫자는 좌석순위의 순서를 나타낸다.
①이 상석이다.

B 응접실의 배치가 잘못된 경우

자사의 응접실에 있는 긴 의자가 출입구에서 가까운 쪽에 세팅되어 있다면 상사와 상담해서 세팅을 변경하는 일도 필요하다. 또 타사를 방문한 경우 세팅이 잘못되어 있다면 담당자가 올 때까지 하석에서 기다리는 것이 좋다.

C 사무실 안의 상담 코너

독립된 응접실이 아니라 사무실 한쪽을 상담 코너로 활용하고 있는 회사도 있다. 그 경우 출입구 부근에는 방문한 회사 사람이 앉도록 신경을 쓴다.

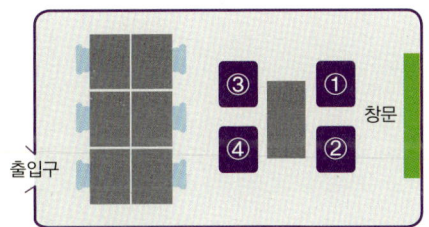

사무실 책상에서 먼 쪽부터 상석이 된다.

Hot Button

배치가 다르거나 판단이 어려운 경우에는 안내자가 권하는 자리에 앉으면 좋다. 자리를 권해 주지 않을 때에는 물어보고 앉는다. 상대방의 습관도 있기 때문에 위화감이 없는 자리를 가르쳐 줄 것이다.

어느 쪽에 앉으면 좋을까요?

인사에서 미팅 개시까지

비굴한 인사는 이제 그만!

**NO.11
초면인사**

아무리 형식적인 매너보다 효율적인 매너가 요구된다고 해도 세일즈는 사람과 사람 사이의 교제이기 때문에 최소한의 예의는 기본이다. 특히 첫인상은 상대에게 깊게 남기 마련이므로 밝고 상쾌하게 건네는 인사야말로 기본 중의 기본이라 하겠다. 아무리 여러 번 반복해서 방문하고 있더라도 인사를 빼놓아서는 안 된다. 인사가 끝나자마자 바로 본론으로 들어갈지 가벼운 잡담 등으로 시작할지는 상대의 모습을 보고 판단하자. 상대가 노트북이나 자료를 펼치고 의욕이 충만한 모습이라면 거기에 응해서 바로 본론으로 들어가는 것이 좋고, 한 템포 쉬고 나서 본제로 들어가고 싶은 것 같으면 너무 서두르지 않는 쪽이 좋은 분위기로 이어진다. 즉 상대의 페이스에 맞추는 것이 중요하다.

그리고 더운 계절에 상대방이 권하지도 않았는데 상의를 스스로 벗는 행동은 매너가 아니다. 그렇다고는 해도 땀을 삘삘 흘리면서 미팅에 임한다면 오히려 상대에게 불쾌감을 줄 수 있다. 일찌감치 도착해 근처에서 땀을 차분하게 식히고 나서 방문하는 것이 고수의 테크닉이다.

인사에서 미팅 개시까지

A 면회자 입실

· 노크 소리가 나면 바로 일어선다.

바쁘신데 시간 내 주셔서 감사합니다.

· 첫 대면인 경우에는 방문자 측에서 명함을 건네면서 인사한다.
· 상대가 자리를 권하고 나면 "실례합니다."라고 말하고 착석한다.

실례합니다.

· 하석에 자리를 잡고 있는데 상대방이 상석을 권하면 사양하지 말고
권유에 따르자.

B 인사 방법

세일즈는 인사로 시작해서 인사로 끝난다. 인사를 확실히 할 수 있으면 상대와의 관계도 부드러워지고 미팅도 쉽게 진행된다. 한두 마디의 인사에 커다란 파워가 존재한다는 점을 명심하고 다음 사항들을 체크해 보자.

Check Point

☐ 밝고 큰 목소리로, 또랑또랑하게 인사하고 있는가?
☐ 밝은 표정으로 상대의 눈을 보고 인사하고 있는가?
☐ 바른 자세로, 예의 바른 태도로 인사하고 있는가?
☐ 자신부터 먼저 인사하고 있는가?
☐ 상대나 상황에 맞춘 인사를 할 수 있는가?
☐ 상대의 이름을 부르고 나서 인사하고 있는가?
☐ 인사 뒤에 부드럽게 대화를 이어가고 있는가?

Hot Button

상의 벗는 방법

처음에는 더워도 입고 있는다. 땀은 미팅 시작 전에 정리해 둔다. 만일 상대가 상의를 벗으라고 권해 주면 그때 벗도록 한다. 너무 더울 경우에는 이야기를 끊기 좋을 즈음에 한마디 양해를 구하고 나서 벗는다. 상대방이 계속 입은 채라면 참는다.

죄송합니다.
상의를 벗어도
괜찮을까요?

명함 교환

꼴랑! 종이
쪼가리가 아니다

비즈니스에서의 첫 만남은 항상 명함 교환으로 시작된다. 명함 교환을 스마트하게 잘 소화할 수 있다면 첫인상이 훨씬 좋아진다. 명함을 주고받는 법은 간단하다. 양손으로 건네고, 양손으로 받고, 받은 명함은 명함지갑에 넣는다. 이것만하면 기본은 한다. 그러나 아쉽게도 실제 현장에서는 이 기본만으로 대처할 수 없는 일들이 왕왕 생긴다. 명함지갑을 어디에 두었는지 찾지 못한다, 자신의 명함을 좀처럼 꺼낼 수 없다, 상대와 동시에 명함을 꺼내 양손으로 상대의 명함을 받을 수 없다, 여러 사람과 명함 교환을 하게 되어 명함이 부족하다 등 다양한 일이 벌어진다.

일단 명함 교환의 목적은 첫 대면인 사람에게 자신을 알리고, 상대를 아는 것이라는 것을 기억하자. 이것만 제대로 이해해도 사전에 명함지갑의 위치 정도는 확인해 둘 것이고, 상대의 얼굴과 이름을 확인하면서 주고받기 때문에 필요 이상으로 허둥거릴 일도 없을 것이다. 명함을 상대방 그 자체라고 생각하고 예의를 갖춰 다루면 어떤 상황이라도 임기응변이 발휘될 것이다.

명함 교환

A 명함 건네는 법

① 우선 서로의 눈을 본다. 명함 교환에 집중하느라 시선이 명함에만
  가 있으면 얼굴을 잊어버리는 일이 흔히 있다.

② 방문자가 먼저 회사명과 이름을 말하면서 양손으로 건넨다. 읽기
  어려운 이름은 천천히 말한다.

③ 상대의 명함은 양손으로 받아 들고, 이름을 확인한다. 읽기 어려운
  글자가 있으면 창피해하지 말고 물어보면 오히려 관심이 있다는
  표현으로 받아들여진다.

 SALES TALK   이 한자는 뭐라고 읽으면 좋을까요?

명함지갑은 가방 안의 꺼내기 쉬운 곳이나 찾기 쉬운 곳에 둔다. 미팅 전에 미리 상대방 인원수만큼 필요한 매수를 꺼내 방향을 정돈해 명함지갑에 끼워 두면 당황할 일이 없다.

명함을 잊었을 때

일단 자신의 회사와 이름을 말하고 명함이 없는 것에 대해 사과한다. 회사에 돌아가서 사과의 한마디를 써넣어 명함과 함께 발송해도 기억에 남는다.

SALES TALK 죄송하지만, 오늘 공교롭게도 명함이 모두 떨어졌습니다.

C 명함의 매수가 얼마 남지 않았을 때

이 사람에게는 건네고 저 사람에게는 건네지 않는다면 사람을 차별하는 것 같아서 대단히 결례를 범하게 된다. 사전에 매수가 부족할 때에는 일절 건네지 않는 편이 낫다.

Hot Button

테이블을 사이에 두고 교환하지 않는다
테이블 너머로 손을 뻗어서 명함을 교환하는 것은 금물이다. 테이블을 건너가 상대의 정면에 서서 교환한다.

음료를 마시는 타이밍

준다고 넙죽! 마시지 마라

미팅 중에 가져다준 음료를 벌컥벌컥 마시는 것도, 입도 대지 않고 그냥 내버려 두는 것도 꼴불견인 법이다. 음료가 나오자마자 바로 마셔 버리는 사람이 그리 많지는 않을 것이다. 음료를 마실 때 기본은 상대로부터 "드세요."라고 권유받고 나면 가볍게 "잘 마시겠습니다."라고 대답하고 나서 마시면 된다. 하지만 때로는 좀처럼 권해 주지 않는 경우도 있다. 그대로 놔두면 음료가 식어 버릴 수도 있다. 아무리 기다려도 권하지 않는다면 상대방이 자신의 음료를 마실 때 "감사합니다."라는 말을 건네고 같이 마시면 된다.

나온 음료가 맛있을 때는 솔직하게 맛있다고 말하면 상대도 기분 좋은 법이다. 다만 속이 빤히 들여다보이는 입에 발린 칭찬은 금물이다. 간혹 "어떤 음료로 하시겠습니까?"라고 취향을 물어올 때에는 필요 이상의 사양은 하지 말고 가능한 한 무난한 것으로 부탁하자. 상대 담당자가 먼저 정하면 그것과 같은 것으로 부탁하면 무리가 없다. 테이블에 자료 등을 펼칠 때에는 잘못해서 음료를 엎지르지 않도록 주의하는 것도 중요한 매너이다.

음료를 마시는 타이밍

A 무엇이 좋은지 물었을 때

· "커피로 하시겠습니까? 녹차로 하시겠습니까?" 라고 물으면 좋아하는 것을 부탁한다. 단 "어떤 음료로 하시겠습니까?"라고 묻는 경우에는 준비하기 쉬운 녹차류를 부탁한다.

SALES TALK
> 그러면 녹차로 한 잔 부탁드리겠습니다.

· 상대 담당자와 똑같은 것을 부탁하면 언제나 무난하다.

SALES TALK
> 저도 같은 것으로 부탁드리겠습니다.

B 마시는 타이밍

면회자가 오기 전에 차를 내왔을 경우

자신의 것만 먼저 나와서 권유받으면 마셔도 상관없다. 면회자 것까지
미리 가지고 온 경우에는 면회자가 올 때까지 기다린다.

면회자가 오고 나서 차를 내왔을 경우

차가 나온 후 상대방이 "드세요."라고 권유하면 마신다. 권유받았을 경
우에는 이야기가 일단락되었을 때 한마디 건네고 나서 손을 댄다.

C 보이지 않는 배려

미팅이 끝나고 퇴실할 때는 뒷정리가 수월하도록 찻잔을 출입구 방향에
가깝게 밀어 놓고 자리를 뜨면 센스 있다.

Hot Button

지금 내 말을
듣고 있는 거야?

상대방이 이야기할 때는 마시지 말 것
상대가 열심히 이야기하고 있을 때는
음료를 마시지 않는다.
'내 이야기를 듣지 않고 있나?' 라고
생각할 수도 있기 때문이다.

상담 종료부터 퇴실까지

마지막까지
긴장하자!

미팅 종료 시에는 "오늘 감사했습니다." "앞으로도 잘 부탁드립니다."라고 반드시 인사로 마무리한다. 때로는 담당자가 엘리베이터 앞이나 현관까지 배웅해 주는 경우도 있다. 물론 거기에서도 또 한 번 인사해야 하지만, 너무 정중하고 지나친 나머지 인사를 끊을 타이밍을 못 잡는다면 오히려 민망한 상황이 연출된다. 응접실을 나오는 즈음에 "그럼, 여기서 실례하겠습니다."라고 정중히 인사하면서 배웅은 필요 없다는 의미를 전하는 것도 방법이다.

엘리베이터의 문이 닫히자마자, 혹은 현관을 나오자마자 동행자와 미팅 중에 느낀 본심을 이야기해 버리는 사람도 있다. 하지만 그곳은 아직 상대 관계자가 많은 공간이라는 점을 명심하자. 접수처에서와 마찬가지로 누군가 보고 있을지도 모른다. 한동안은 긴장감을 유지하는 것이 좋다. 미팅을 끝내고 나온 방문처부터 가까운 역을 오가는 지하철까지는 누군가가 듣고 있을 수 있다고 생각하자. 경쟁사의 영업사원이 타고 있을 가능성이 높다는 사실을 잊어서는 안 된다.

상담 종료부터 퇴실까지

A 회의실의 퇴실 방법

상대가 안에서 문을 잡고 있을 경우에는 "실례합니다."라고 말하고 재빠르게 밖으로 나온다. 이때 상대에게 등은 보이지 않도록 문 밖으로 나오자마자 상대방쪽으로 몸을 돌려 문을 닫고 나오는 상대방을 기다린다.

B 엘리베이터까지 배웅받았을 경우

감사 인사를 하고 머리를 숙이고 나서 엘리베이터 문이 닫힐 때까지 그대로 있도록 한다.

  매우 감사했습니다. 그럼, 실례하겠습니다.

C 현관 밖에서 옷차림을 가다듬는다

건물 밖으로 나오면 코트와 머플러 등을 입으며 옷차림을 가다듬는다. 상사와 함께 방문했을 때에는 회사로 돌아오기 전에 상사에게 노고에 관해 한마디 건넨다.

SALES TALK

> 부장님, 오늘 고생 많으셨습니다.

D 건물을 나오는 방법

주변의 사내 직원들처럼 다른 사람에게는 가볍게 목례를 하고 얼마간 긴장감을 유지한다. 결코 나온 순간에 긴장을 늦춰서는 안 된다.

Hot Button

빌딩 주변, 가까운 지하철 역 등에서는
방문처의 사원, 경쟁사의 영업사원이 있을지도 모른다. 미팅 관련 이야기는 주위에 새어 나가지 않도록 주의한다.

NG TALK

> 이야~, 담당자 참 지독하네요.

방문 후의 마음가짐

다 된 밥에
코 빠뜨리지 말자

방문 후 중요한 것은 피드백이다. 방문 전까지는 자주 연락을 받았었는데 방문이 끝난 순간 연락이 두절된다면 '용건이 끝나면 태도가 변해 버리는 사람'이라는 인상을 주게 된다. 특히 방문이 장시간이었다면 마음을 담아서 감사의 인사를 하자. 친한 담당자라고 해서 적당히 끝내면 안 된다.

평소에 방문을 '상대방의 귀중한 시간을 빼앗는 것'이라고 생각한다면 방문 후에 감사 인사를 전하는 것은 당연한 일이다. 상대방이 바쁠 수도 있으니 전화보다는 이메일로 감사의 마음을 전하는 것이 적절하며, 감사 메일은 간단한 인사라도 상관없다. 상황에 따라서는 회사로 돌아와 바로 메일을 보내는 것이 확실하게 마음을 전하는 방법이 될 수도 있다. 이때 미팅 중에 나왔던 질문에 답하는 자료나 데이터를 첨부한다면 호감도는 더욱 올라갈 것이다. 마지막까지 신경 쓰는 배려는 귀중한 인맥을 만들고 다음 일까지 연결된다는 것을 잊지 말자. 물론 당신에 대한 평가가 사내외적으로도 좋아진다는 것은 두말할 나위도 없다.

방문 후의 마음가짐

A 방문처에는 감사 메일

오늘의 자료를 첨부해서 보내면 회의 내용을 다시 확인할 수도 있어 효과적이다. 감사의 마음을 상대방에게 전할 때에는 어떻게 감동했는지, 어떤 도움이 되었는지를 구체적으로 전달하는 것이 중요하며, 미팅 후 가능한 한 빨리 전하는 것이 좋다.

SALES MAIL

오늘 바쁘신 와중에 시간을 내 주셔서 감사드립니다.
앞으로도 아무쪼록 잘 부탁드리겠습니다.

B 상사에게는 보고

방문처 회의 중 자기 혼자서 판단할 수 없는 안건이 있다면 즉시 상사에게 보고하고 상의한다. 방문이 끝난 후에는 우선 회사에 방문이 끝났음을 알리는 전화를 하고, 방문 결과를 간단하게 보고하면 좋다. 다른 회사를 방문할 예정이 더 있더라도 방문이 한 번 끝날 때마다 연락해서 간단한 보고를 한다.

SALES TALK

지금 막 ○○물산과 미팅을 마쳤습니다.

C 직접 손글씨로 쓴 감사장

마음을 담아 직접 손글씨로 쓴 감사장은 분명 상대에게 감동을 줄 수 있다. 하지만 지저분한 글씨, 읽기 어려운 글씨는 반대로 상대방을 불쾌하게 할 수도 있다. 또 틀에 박힌 상투적인 문장을 늘어놓는 것으로는 성의가 전달되지 않는다.

Hot Button

회사로 돌아오면

자신의 실수나 회사에 좋지 않은 일이라도 전부 보고한다. 보고할 때는 자신의 감정이나 감상을 섞지 말고 객관적으로 전한다. 자신의 의견이나 감상을 말할 때는 사견이라고 먼저 얘기하고, 사실의 보고와는 별개로 얘기하도록 한다.

이것은 제 의견일 뿐입니다만...

자택 방문 방법

잡상인으로
오해받을 수 있다

**NO.16
자택방문**

개인 고객을 대상으로 한 영업이라면 자택을 방문할 수도 있다. 하지만 아무리 치안이 잘 되어 있다고 해도 가족이나 지인 이외의 사람을 집 안에 들인다는 것은 심리적으로 위험하다는 생각이 들기 마련이다. 따라서 갑자기 방문하거나 취지가 불명확한 채로 방문하면 고객을 불안하게 만들 뿐만 아니라 당신의 회사에 대한 불신감마저 생길 수 있다. 가능한 한 선약을 하고 방문하고, 인터폰을 통해 회사명과 이름, 방문 용건을 확실히 전달해야 한다.

과거에는 일단 문이 열렸을 때 슬쩍 발을 넣기만 하면 문이 닫히지 않는다는 '영업 테크닉'을 전수하는 세일즈맨도 있었지만, 요즘 그렇게 했다가는 주거침입으로 경찰에 신고를 당할지도 모른다. 매너의 문제를 떠나 생각해도 개인 집을 방문하는 것은 분명 회사를 방문하는 것과는 다르다. 집은 사적인 장소라는 의식을 잊지 말고, 방문 시간이나 몸차림에 신경을 쓰자.

자택 방문 방법

A 현관 앞에서의 매너

· 코트, 목도리, 장갑 등은 밖에서 벗고 나서 인터폰을 누른다.

· 현관에서는 선 채로 인사를 한다. 현관에 나온 사람이 방문 목적의 상대가 아닌 경우도 있기 때문에 우선은 회사명과 이름을 남기고 명함을 건넨 후 당사자에게 연결을 부탁한다.

B 자택으로 방문했을 때의 금기 사항

· 주위에 다 들릴 것 같은 큰 목소리로 상담하지 않는다.

· 갑자기 연락 없이 방문하지 않는다.

· 식전이나 늦은 밤 시간에는 방문하지 않는다.

C 식사를 권유받으면

이야기가 길어져서 식사를 권유받는 경우에는 일단 사양하는 것이 매너이다.

> **SALES TALK**
>
> 괜찮습니다. 신경 쓰지 않으셔도 됩니다.

그러나 방으로 들어갈 때와 마찬가지로 두세 번 권할 때에는 이미 식사 준비를 해 둔 경우도 있다. 상대가 벌써 준비해 두었다고 말하면 먹도록 한다. 하지만 회사로 돌아갈 시간이라거나 다음 일정이 있으면 정중하게 거절한다.

> **SALES TALK**
>
> 정말 죄송합니다만, 다음 일정이 있어서요.

Hot Button

자택 방문 시 옷차림

- 구두를 벗고 들어갈 가능성이 높기 때문에 구두는 닦아 두고, 안의 깔창도 깨끗한 것으로 준비한다.
- 양말, 스타킹도 깨끗한 것을 신고 구멍에도 주의한다.
- 코트 등은 맡기는 경우도 고려해서 목 주위나 소맷부리가 더럽지 않은 청결한 옷을 입는다.
- 미니스커트나 타이트한 팬츠 등 바닥에 앉기 어려운 복장은 피하자.

연말연시 인사 방법

이때 인사하지 않으면 괘씸죄!

요즘은 윤리 경영 등을 이유로 '선물 안 주고 안 받기'를 하는 회사가 점점 많아지고 있다. 이렇게 선물을 건네는 사람이 점점 줄어들 때 일 년의 마무리로 마음을 담아 선물하면 더욱 기억에 남지 않을까? 또 연말연시는 특별한 용건 없이 방문해도 부담스러워 하지 않는 분위기가 만들어져 있다. 오랫동안 연락하지 못해 사이가 소원해진 고객이 있다면 자연스럽게 방문할 수 있는 절호의 기회로 이용해 보자.

연말연시는 서로 바쁜 시기이므로 따로 약속을 잡지 않고 방문하는 것이 좋다. 만약 상대가 부재중이거나 회의 중, 미팅 중이라면 "신년 인사차 들렀습니다. 올해도 아무쪼록 잘 부탁드리겠습니다." 등의 한마디를 덧붙여 전하고 바로 돌아간다. 달력이나 다이어리 등을 매년 기다리고 있는 경우라면 조금 넉넉하게 가지고 가면 기뻐할 것이다. 상대와 만난 경우라도 너무 길게 이야기하지 말고 10여 분 정도로 간단하게 인사만 한다. 일부러 예정을 비워 두거나 긴 시간을 빼앗는 것은 오히려 폐가 되니 자제하자.

연말연시 인사 방법

A 연말연시 인사

연말연시에 잊지 않고 인사를 하면 고객에게 좋은 인상을 남길 수 있다. 같은 인사라도 가능하면 오전 중에 방문하는 쪽이 보다 인상에 남을 뿐 아니라 경쟁사보다 눈도장을 빨리 찍을 수 있는 효과도 있다. 그리고 미결안을 검토해 줄지도 모른다.

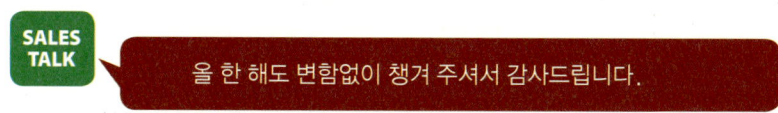

SALES TALK 올 한 해도 변함없이 챙겨 주셔서 감사드립니다.

B 부재중일 때

주요 고객이라면 명함과 간단한 메모만 놓고 재차 방문한다. 가지고 간 선물은 반드시 그대로 가지고 돌아온다.

인사차 잠시 들렀는데 자리에 안 계시는군요.
다시 들르겠습니다.

C 선물

달력은 회사에서 나온 여러 종류를 모두 가지고 가서 고르도록 하면 기뻐한다. 연말에 날짜가 얼마 안 남았을 때 다이어리를 건네면 이미 내년 것을 장만해 놓았을 수도 있기 때문에 시간적 여유를 갖고 미리 전하는 편이 효과적이다.

이번에 저희 회사에서 나온 다이어리와 달력입니다.
종류별로 챙겨 왔으니 고르시면 될 것 같습니다.

Hot Button

연하장을 보낼 때

일찌감치 보내는 것이 인상에 남는다. 상투적인 말만 적지 말고 마음이 따뜻해지는 한마디를 더하는 것이 좋다. 하지만 일에 관한 내용은 적지 않는다. 발송하기 전에 직책이나 주소에 변경 사항은 없는지 확인하고, 자신의 이름 옆에는 직책을 쓰지 않는 것이 기본이다. 문자 메시지나 SNS를 이용해서 연하장을 보낼 때에는 단체로 보내지 말고 개별적으로 보내도록 한다.

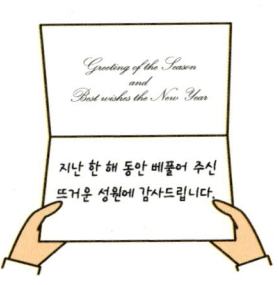

갑자기 뛰어드는 영업 방법

최대한 젠틀하게 보여라

영업 활동을 하다 보면 약속 없이 방문할 일도 생긴다. 때로는 선약 없이 갑자기 찾아가는 방법도 중요한 영업 활동 중 하나이다. 하지만 어디까지나 갑자기 쳐들어가는 식이다 보니 보통 방문 때 이상으로 신경 써야 할 점들도 많아진다.

첫째, 응대하러 나온 사람에게 자신이 무엇을 위해 방문했는지를 확실하게 전달한다. 가끔 전에 방문한 적이 있는 것처럼 거짓말을 하거나 기자재 관리를 하러 온 사람으로 위장해서 들어가려고 하는 사람이 있는데, 이러한 수법은 상대에게 불신감을 줄 뿐이다. 설령 들어가는 데 성공했다 하더라도 나중에 트러블의 원인이 될 수 있다. 둘째, 회사 정보를 캐내려고 꼬치꼬치 질문하는 영업사원이 있는데, 본 적도 없고 알지도 못하는 사람에게 정보를 가르쳐 줄 이유는 없다. 일단은 자신을 알리는 것부터 시작하는 것이 정석이다. 게다가 자세하게 알아내려고 질질 시간을 끄는 일은 절대로 해서는 안 된다. 선약도 없이 갑작스레 상대방의 시간을 빼앗는 것이므로 간단명료하게, 단시간에 끝내야 한다는 점을 명심한다.

갑자기 뛰어드는 영업 방법

A 접수처에서

선약 없이 찾아간 방문은 거절이 기본이다. 접수처 직원이 만나고 싶은 담당자에게 호의적으로 전달해 줄 수 있도록 좋은 인상을 남기기만 해도 성공이다.

SALES TALK

> 귀사를 담당하고 있는 OO 회사의 OOO라고 합니다.
> 인사차 들렀습니다.

B 만나 준 경우

당장 팔겠다는 생각을 버려라. 파는 것보다 정보 수집의 시간이다. 결코 안달하지 말자. 만일 상대가 관심을 보이는 경우에는 전달하고 싶은 포인트만을 강하게 주장하면서 자료를 건네고 다시 방문하도록 한다.

C 운 좋게 상담할 수 있는 경우

고객의 기존 거래처를 무리하게 알아내려고 하거나 험담을 하는 것은 금물이다. 설명하는 동안 어느 부분에서 관심을 보이는지를 체크해 두자. 상대방 얘기에 마지막까지 귀를 기울인다. 약속은 반드시 메모한다.

NG TALK

> 귀사는 현재 어느 업종에 주력하고 있습니까?
> 생산 라인은 몇 명 정도 됩니까?

D 피드백은 반드시

돌아온 후 반드시 감사 메일을 보낸다. 이때 절대로 판매하려 하지 말고, 만났을 때 공부가 된 점, 가르쳐 준 것을 실행한 사례 등을 이야기한다. 형식적인 것이 아니라 행동으로 옮긴 얘기를 들으면 상대는 기분이 좋아진다.

SALES MAIL

> 말씀해 주신 대로 내용을 보완하여 OO사에 보냈더니 관심을 보이셨습니다. 소중한 정보를 주셔서 다시 한 번 감사드립니다.

Hot Button

처음 만나는 상대방에겐 먼저 웃는 얼굴로

"당신과 만나서 기쁘다." "이렇게 만나 줘서 고맙다."라는 기분을 표현하자. 포인트는 웃는 얼굴이다. 부드럽게 미소 짓는 눈을 만들면 자연스럽게 입가가 올라가고 호감 가는 첫인상을 남길 수 있다.

인수인계 방법

빈자리를
티 내지 마라

NO.19
인수인계

인사이동 등으로 담당자가 바뀌는 경우에는 반드시 후임자와 함께 고객을 방문해서 인수인계 인사를 한다. 이때 신경 써야 하는 것은 종래대로 관계가 유지되겠느냐는 점이다. 담당자가 바뀐 것을 계기로 경쟁사가 들어오는 일은 허다하다. 이는 후임 담당자에게 문제가 있었다기보다는 담당자가 바뀐 것에 대한 고객의 불안이나 그동안 경쟁사가 공을 들인 탓이라고 생각해야 한다.

고객은 담당자가 교체되면 이제까지의 거래 조건이 그대로 유지될지 불안해지는 법이다. 특히 전임자와 관계가 좋았을수록 불안을 강하게 느낀다. '지금까지 잘해 줬던 저 사람이 안 오게 되나?'라고 실망하는 마음도 생길 것이다. 이런 심리에 대응하기 위해서는 단순히 "담당이 바뀐다. 후임은 이 사람이다."라는 사실만 전달하지 말고, 이후 자신의 연락처 등을 남긴 후 담당이 바뀌었어도 무슨 일이 있으면 괘념치 말고 연락하라고 전한다. 그러고 나서 이제까지 신세를 진 것에 대한 감사 인사를 한다.

인수인계 방법

🅰 후임자에게 상세히 전달

· 거래처에 가서 인사하기 전에 사내에서 모든 사항을 전수해 둔다.

· 후임자에게는 자사와의 거래 경위, 최근 영업 활동 상황을 전달한다.

· 영업 활동에서 주의할 사항을 구체적으로 전해 둔다.

🅱 감사 인사 전달

· 지금까지의 거래에 대해서 최대한 감사의 마음을 전달한다.

어떤 일이 구체적으로 고마웠는지 전한다.

" OO 씨와의 만남이 자신을 성장시켜 줬다. " 라고 느낀 점을 알려 준다.

· 돌아갈 때는 마음을 담은 감사 인사를 정중하게 한다.

상대보다 깊게, 천천히 머리를 숙이고 그동안 신세 진 기간을 생각하면서
평소보다도 긴 시간 멈춘다.

C 상사와 동행

담당자가 바뀌었을 때 경쟁사에게 거래처를 빼앗기지 않기 위해서라도
상사와 동행해서 인사를 가면, 고객을 보다 중시하고 있다는 점을 전
달할 수 있다.

SALES TALK

인사가 늦었습니다. 판매팀 팀장 OOO입니다.
앞으로도 새롭게 바뀐 후임자와 거래에 불편하신 점이 없도록
더욱 신경 쓰겠습니다. 잘 부탁드리겠습니다.

Hot Button

바뀐 명함입니다. 언제든 연락주세요.

변경 사항을 알린다
자신이 새롭게 배속받은 곳과 업무
를 설명한다. 명함이 만들어져 있다
면 새로운 명함을 건넨다. 후임자와
트러블이 있을 때나 다른 용건이 있
을 때 연락을 줄지도 모른다.

Reception Technique ▶▶▶

고객을 맞이하기까지의 준비

빵긋 웃는 얼굴은 기본이다!

직접 담당자로서 고객을 맞이하는 경우를 생각해 보자. 약속을 하고 고객이 오는 경우에는 사전 준비를 확실히 해 두어야 한다. 본인이나 함께 동석하는 상사의 스케줄을 비워 두거나, 회의실이나 응접실 등 미팅 장소를 확보해 놓고, 사용할 자료나 프로젝터 등 기자재를 준비해 두는 것은 물론, 사내에서 소개해야 할 사람이 있다면 미리 전해 둔다. 가능하면 어디의 누가 어떤 용건으로 내방하는 것인지, 소개했을 때 어떤 인사를 했으면 하는지 간단하게라도 상관없으니 미리 설명해 둔다.

"부장님, OO사의 OOO씨입니다."라고 소개했을 때 "응? OO사? 무슨 용건이야? 지금 바빠."라는 대답이 아니라, 하다못해 "아, 항상 감사합니다. 제가 지금 좀 바쁩니다만, 앞으로도 잘 부탁드립니다."라는 정도는 말할 수 있기 때문이다. 사전에 약속한 방문인데 준비가 되어 있지 않으면 손님은 설령 웃는 얼굴이었다고 해도, 자신을 대수롭지 않게 여긴다고 느끼거나 회사 내에서 담당자의 파워가 없다고 생각하기 쉬우므로 내방객 응대의 기본을 잘 익혀 두자.

고객을 맞이하기까지의 준비

이것만은 확인

접수처에 연락

사전에 몇 시에 누가 올지 접수처 담당자에게 전해 둔다. 고객이 내사했을 때, "기다리고 계십니다."로 맞이하는 것과 "어디시라구요?"라고 묻는 것은 전혀 다른 첫인상을 준다.

> **SALES TALK**
>
> 오늘 3시에 김 부장님과 약속이 있으신
> OO물산 OOO님이시군요. 기다리고 있었습니다.

회의실 예약

약속 시간에 맞춰 사전에 회의실을 예약해 둔다. 내사했는데 미팅룸이 준비되어 있지 않으면 주요 고객이 아니라고 느낄 수 있다. 그리고 회의실 내의 인터넷 접속이나 컴퓨터, 프로젝터, 스크린, 화이트 보드 등 사용할 수 있는 기자재의 작동도 미리 확인해 두면 완벽하다.

음료 준비

손님의 취향은 무엇인지, 음료를 내는 타이밍은 언제로 할지, 누가 내올 것인지 등을 점검해 둔다.

식사 준비

점심 식사가 예정된 경우에는 사전에 예약을 해 둔다. 식당이 혼잡해서 손님을 기다리게 하는 것은 예의가 아니다.

B 갑작스런 내객의 경우

회사명과 이름, 내사 목적을 듣고 지명한 사람에게 연락해서 지시를 받는다. 명함을 건넨 경우에는 받아서 지명한 사람에게 전하고 지시에 따른다. 지명한 사람이 만나고 싶지 않다고 하는 경우에는 회의 중이라거나 외출 중이라는 이유를 대서 돌려보낸다.

Hot Button

담당자가 급한 일로 부재중일 때

우선은 죄송한 마음을 담아 사과하고 기다릴 것인지, 다시 방문할 것인지 고객의 생각을 확인한다. 또 담당자와 휴대전화로 연락할 수 있을 때는 통화해서 지시를 받도록 한다.

대단히 죄송합니다. 급한 용무가 생겨서 담당자가 지금 외출 중입니다. O시에 돌아옵니다만, 어떻게 하시겠습니까?

스마트한 안내

안내가 없으면
불안 불안

사내에서 고객을 맞이하는 일은 그 담당자만의 업무가 아니다. 당신이 현관이나 입구를 지나칠 때 고객이 들어왔다면 당신이 그 시점에서의 담당자인 것이다. 그것뿐만이 아니다. 예를 들어 입구에서 떨어진 곳에 있다고 해도 방문한 고객이 말을 걸거나 시선이 마주치거나 들어온 기색을 느꼈다면 당신은 그 고객을 응대해야 한다. 그 용건에 관한 직접적인 담당자는 따로 있겠지만 고객이 우리 '회사'를 방문하고 있는 이상, 회사 전체가 고객 응대를 해야 한다.

물론 진짜로 사원 전원이 응대할 필요는 없지만, 적어도 고객이 왔다는 사실을 의식한 행동은 필요하다. 고객이 방문한 것을 알면서도 말도 걸지 않고, 아무도 담당자에게 연결해 주지도 않고, 스쳐 지나가면서 목례도 없고, 미팅 자리나 회의실 주위에서 큰 소리로 농담을 하는 등 고객을 전혀 배려하지 않는 언행을 보면서 고객은 어떤 인상을 갖게 될까? 고객에 대한 맨 처음 응대가 회사의 이미지를 결정한다. 고객을 향한 모두의 작은 배려가 회사 이미지를 향상시키는 가장 좋은 방법이다.

스마트한 안내

A 고객 안내

· 행선지를 알리고 안내한다.

SALES TALK
> 오래 기다리셨습니다. 5층 응접실로 안내하겠습니다.

· 안내역은 고객의 2, 3보 비스듬히 앞에서 모습을 살피면서 걷는다.
· 고객에게 복도 중앙을 걷게 하고 안내역은 자신의 뒷모습이 고객의 정면에 오지 않도록 몸을 사선으로 해서 앞장선다.
· 복도를 돌거나, 계단을 오르거나, 엘리베이터에 타는 경우에는 한 마디를 덧붙인다.

SALES TALK
> 오른쪽으로 돌겠습니다.

· 위험한 장소에서는 배려의 한마디를 덧붙인다.

SALES TALK
계단이 높으니까 조심하세요.

· 우선 방을 노크하고 안에 사람이 있는지 확인한 후 안으로 안내하고, 안쪽의 상석을 가리키며 자리를 권유한다. 단, 사내 담당자가 이미 방에서 기다리는 경우에는 담당자가 자리를 권한다.

SALES TALK
이쪽에 앉으셔서 기다려 주세요.

· 고객이 착석한 것을 확인하면 "실례합니다."라고 가볍게 고개 숙이며 인사하고 퇴실한다. 안내한 사실을 재빨리 담당자에게 보고한다.

SALES TALK
OO 씨는 바로 오시니까 잠시만 기다려 주세요.
5분 정도 걸릴 것 같습니다.

Hot Button

회의실로 안내해 드리겠습니다.

행선지를 알리는 것은 무엇 때문?
접수처와 회의실의 위치가 다른 경우 고객은 어디로 데려가는지 불안해진다. 행선지를 미리 알고 있으면 고객의 걱정도 해소된다.

❒ 문 열고 닫기

당겨서 여는 문의 경우

안내역이 문을 열고 문 밖에 서서 손잡이를 잡은 채로 고객을 들어가게 한다.

당겨서 여는 문

SALES TALK 들어가세요.

밀어서 여는 문의 경우

안내역이 문을 열면서 먼저 방에 들어간다.

밀어서 여는 문

SALES TALK 먼저 실례하겠습니다.

SALES TALK 이쪽으로 들어오세요.

안에서 문을 잡고 고객에게 입실하도록 권한다. 고객을 상석으로 안내하고 앉게 한다. 코트는 받아서 옷걸이에 건다.

C 엘리베이터 타고 내리기

· 문이 열리면 버튼을 누른 채로 고객을 먼저 타게 한다.

· 고객을 엘리베이터 안쪽으로 가게 한다.

· 엘리베이터 안에서는 고객에게 엉덩이가 향하지 않도록 비스듬히 선다.

· 안내역은 조작반 앞에 서서 버튼을 누른다.

· 내리는 층에서 멈추면 '열림' 버튼을 누르고 고객을 먼저 내리게 한다.

> **SALES TALK**
> 내리셔서 왼쪽입니다.

· 고객과 둘만 있는 게 어색할 때는 무난한 질문으로 말을 거는 것도 상급 테크닉이다. 단, 말을 거는 것을 싫어하는 사람도 있기 때문에 반응을 살펴보고 말을 건다.

> **SALES TALK**
> 찾아오시는 데 어렵지 않으셨습니까?
> 날씨가 따뜻해졌네요.
> 오늘은 어느 방면에서 오셨습니까?

Hot Button

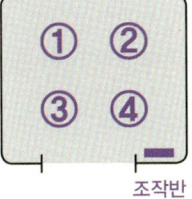

조작반

엘리베이터 순위
숫자는 자리 순서를 나타낸다. 안내 담당은 ④의 위치가 기본이지만, 그 외는 대략적인 기준으로 엄격하지는 않다. 하지만 자사 사원이 같이 타더라도 사적인 얘기는 금물이다.

D 계단 오르내리기

· 계단이 있는 곳에서 일단 멈추고 주의를 환기한다.

SALES TALK
> 계단으로 2층까지 올라갑니다.

· 기본적으로 오르고 내릴 때는 안내역이 앞, 고객이 뒤에 서서 걷는다. 고객은 계단 손잡이 쪽으로 걷게 한다.

SALES TALK
> 먼저 실례하겠습니다. 발밑을 조심해 주세요.

안내역이 고객보다 높은 위치에 올라서지 않고, 고객이 발을 잘못 내디 뎠을 때 받쳐 준다는 관점에서 계단을 올라갈 때만은 '고객이 앞, 안내인 이 뒤'라는 매너가 적용된다. '항상 고객을 높은 위치로'라는 배려이다. 그러나 고객이 처음 방문하여 회사 구조를 전혀 모르는 상황이라면 한 마 디 양해를 구하고, 안내인이 먼저 올라가도록 한다. 내려가는 계단의 경 우, 안내인이 앞에 서도 고객보다 아래가 되기 때문에 특별히 양해를 구 할 필요는 없다.

E 복도 걷기

자신의 이름, 지금부터 어디로 향하는지를 알린다. 고객에게는 복도의 중앙을 걷게 하고, 안내역은 자신의 뒷모습이 고객의 정면에 오지 않도 록 몸을 사선으로 해서 걷는다. 고객이 봤을 때 오른쪽으로 비스듬한

1m 정도 앞에 선 위치가 좋다. 걸어가는 도중에는 적당히 고객을 돌아 보고 고객의 보폭을 확인한다.

F 방향 지시

" 이쪽입니다." "계단으로 올라갑니다." "이쪽에 앉으세요." 등 상황 마다 안내자는 고객 쪽을 향해서 포인트가 되는 장소를 손바닥 전체로 가리킨다. 오른쪽으로 돌 때에는 오른손을, 왼쪽에는 왼손을 사용하면 보다 알기 쉽다. 손가락으로 가리키는 것은 안 된다.

SALES TALK 이쪽입니다.

 O

 X

Hot Button

짐 좀 들어 드릴까요?

걷는 속도는 고객에게 맞춰서
고객 중에는 노인이나 다리가 불편한 분이 있을지도 모른다. 안내역은 걸음걸이, 속도 등을 보기 위해서라도 고객의 모습을 살피면서 선도한다. 또 고객의 짐이 많을 때는 "짐 좀 들어 드릴까요?" 라고 제안하며 배려한다.

인사부터 미팅 개시까지

미팅의 시작은 인사로부터

안내자로부터 고객의 내방 소식을 들으면 바로 회의실로 향한다. 다른 사원에게 차를 내오도록 미리 부탁해둔다. 자료 등도 미리 준비해 두고 가능한 한 고객을 기다리지 않도록 하는 것이 중요하다.

종종 "정각 9시에 기다리고 있겠습니다."라고 말하고는 막상 그 시간에 방문해 보면 좀처럼 담당자가 나타나지 않고, 10분 이상 경과하고 나서야 간신히 나타나는 일이 있다. 이런 행동은 완벽한 매너 위반이다. 방문객을 기다리게 하는 시간은 최대 5분을 넘기지 말아야 한다. 어쩔 수 없이 늦어질 수밖에 없을 때는 일단 방문객이 있는 곳으로 가서 인사만이라도 하고 상황을 전한 후 기다리게 하는 요령이 필요하다. 급하다는 핑계로 다른 사람을 시켜 상황을 전달한다면 방문객은 오해할 수도 있다. 본인의 마음을 전달하고 싶다면 직접 상황을 전하는 것이 중요하다. 얼굴을 마주했을 때는 우선 "만나 뵙게 되어 반갑습니다."라고 마음을 표현한다. 그리고 여기까지 찾아온 것에 대해 감사의 마음을 전달한다.

인사부터 미팅 개시까지

A 방문객에게 인사 방법

노크 소리를 들으면 회의실 안으로 들인다.

Check Point

☐ 만나서 반갑다.

☐ 당신을 기다리고 있었다.

☐ 먼 길 오시게 해서 죄송하다.

세 가지 체크 포인트가 전달되도록 인사를 건넨다.

SALES TALK

어서 오십시오. 기다리고 있었습니다.
더운 날씨에 먼 길 오시느라 수고 많으셨습니다.

B 인사로 호감도를 향상하는 요령

자신부터 밝은 목소리로 또렷이

손윗사람에게서 먼저 인사를 받고 내가 답례 인사를 하는 것은 별로 좋지 않다. 항상 내 쪽에서 먼저 밝은 목소리로 또렷이 인사한다는 점을 명심하자.

웃는 얼굴로 상대를 보고 나서

인사하는 상대방과는 웃는 얼굴로 반드시 눈을 맞추고 한다. 정해진 문장을 기계적으로 말하는 것이 아니라, 단 한 번의 인사라도 상대에게 배려의 마음을 담는 것이 중요하다.

인사말의 단어장을 늘린다

때와 장소, 상황에 맞춰서 적절한 말을 구분해서 사용한다.

SALES TALK

> 반갑습니다. 실례합니다.
> 오래 기다리셨습니다. 수고하셨습니다.

Hot Button

안녕하세요.

언제 어디서든지 누구에게라도

인사는 상대를 골라서 하는 것이 아니다. 손윗사람과 거래처 사람은 물론 사내에서 만난 사람 모두에게 인사하는 것을 명심하자. 택배나 청소, 보안 등 각종 외부 인력에게도 언제나 똑같이 인사를 건넨다.

소개할 때, 받을 때의 매너

직급이
장땡이다!

나름대로 비즈니스 경험이 쌓여서 매끄러운 상담이 가능하게 되었어도 의외로 망설이게 되는 것이 바로 '소개'와 관련된 매너이다. 거래처에 상사를 소개하는 것, 전임자로부터 인수인계를 받을 때 상대편에게 소개되는 것 등 제각각의 상황이 생기기 때문에 기본을 파악해 두어야 한다.

자신이 사이에 서서 첫 대면인 사람 둘을 소개하는 경우 원칙은 아랫사람이나 자신에게 가까운 사람부터 먼저 소개하는 것이다. 예를 들면, 자신의 회사 상사를 거래처 담당자에게 소개하고 나서 상대편 담당자를 상사에게 소개한다. 파티 등에서 친구 둘을 인사시킨다면, 연하 혹은 직책이 아래인 사람을 먼저 상대에게 소개한다. 단, 여러 명을 동시에 소개하는 경우에는 그중에서 윗사람부터 순서대로 소개한다. 가령, 자신의 회사 부장과 과장을 거래처에 소개하는 경우에는 부장→과장→상대편 담당자의 순서가 된다. 소개를 받을 때에는 소개자가 인사를 하면 함께 인사를 한다. 소개를 받고 나서 명함 교환을 하면 된다. 소개자가 쌍방을 소개한 후에 먼저 상대방에게 가까이 다가가서 명함 교환을 하도록 하자.

소개할 때, 받을 때의 매너

A 거래처에 상사나 동료를 소개

· 자사부터 먼저 소개

 소개해 드리겠습니다. 이쪽은 저희 회사의 OOO 과장입니다.

소개할 상사가 여러 명인 경우, 직위가 높은 사람부터 순서대로 소개하면 된다. 직급이 아직 없는 자사 사원은 "사원 OOO입니다."라고 소개하는 것이 아니라 "OOO입니다."라고 이름만 전하면 된다.

· 거래처의 사람을 상사에게 소개

 과장님, 이쪽이 항상 신세 지고 있는 C사의 OOO 부장님입니다.

B 거래처에 타사 사람을 소개

· 소개자를 동반해서 방문한 경우에는 먼저 소개자를 거래처에 소개

> **SALES TALK**
>
> 소개해 드리겠습니다.
> 이분은 A상사 영업부 OOO 부장님입니다.

· 소개자에게 거래처 사람을 소개

> **SALES TALK**
>
> OOO 부장님, 이분이 제가 항상 신세 지고 있는
> C사의 OOO 부장님입니다.

Hot Button

중개하는 사람이 있는 경우
중개역의 자사 사원이 쌍방
소개를 하고 나서 명함 교환
을 한다.

타사 중개역에게 쌍방 소개
를 하게 하고 나서 명함 교
환을 한다.

음료 권하는 법

한마디가 차 맛을 좌우한다

음료를 내오는 방법만으로도 받는 사람의 기분이 달라질 수 있다. 성의 없이 던지듯이 가져다주는 차 한 잔에 기분이 상해서 미팅까지 부정적이 될 수도 있으므로, 누가 차를 내오든 고객이나 방문객을 향한 감사의 마음을 갖는 것이 중요하다. 차를 내오는 일은 특정한 사람만 하는 것이 아니다. 사내에서 바쁜 것은 모두 마찬가지이니 잠깐 시간을 낼 수 있는 사람이 솔선해서 내도록 한다.

겨울이라면 따뜻한 음료를, 여름이라면 시원한 음료를 내오는 것이 기본이다. 미지근한 차나 얼음이 녹아 버린 음료를 받고 환영받는다는 기분을 느끼는 방문객은 없을 것이다. 한 잔의 음료일지라도 상대를 배려하는 마음이 찻잔에 담기도록 한다. 굉장히 더울 때라면 방문객에게 우선 시원한 것부터 권하는 것이 예의이다. 차를 내는 동안에는 일 이야기가 중단되기 쉬우므로 방해되지 않도록 재빨리 내는 것이 포인트이다. 방문객에게는 권하지도 않고 자신만 음료를 마시고 있으면 매너 없는 인간으로 보일 수 있으니 실수하지 말자.

음료 권하는 법

A 고객에게 기호를 문의

더운 날이나 추운 날에 방문한 경우에는 차가운 것, 따뜻한 것을 맞춰서 내오는 배려를 보인다.

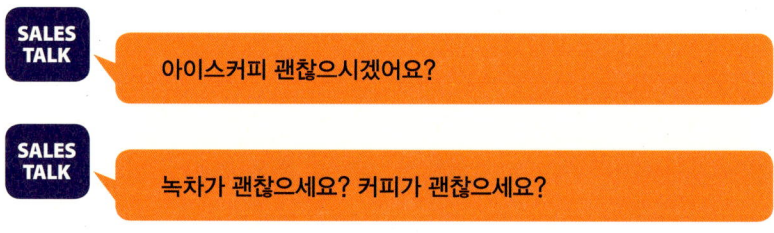

단, 더운 날에도 찬 음료를 마시지 않는 사람도 있으니 만약을 위해 확인한다.

B 음료 권유

얘기가 본론으로 들어가기 전에 반드시 마시라고 권하고, 자신도 마시기 시작한다. 상대가 마시는 모습만 빤히 쳐다보고 있으면 편하게 마시기 어렵다.

C 더 마실 것을 권유

얘기가 활기를 띠면 목도 마른다. 어느 정도 시간이 지났을 때 다시 권해 주면 상대에게 배려하는 마음이 전달된다.

SALES TALK

음료 더 드시겠어요?

아직 찻잔에 차가 남아 있어도 식었다면 따뜻한 음료를 다시 내온다. 처음에 낸 것이 차였다면 커피, 커피였다면 차 등으로 바꿔서 가지고 가면 센스가 느껴진다.

Hot Button

차를 놓을 장소가 없을 경우

테이블 위가 서류 등 자료로 가득 채워져 있어서 음료를 어디에 놓으면 좋을지 모를 때는 물어보고 나서 놓는다. 과자도 함께 내는 경우에는 먼저 과자를 내고 나서 다음에 음료를 낸다. 과자의 오른쪽에 차를 놓으면 된다.

어디에 놓을까요?

미팅 완료에서 배웅까지

고지가
눈앞에 왔다

방문객의 직위나 미팅의 중요도에 따라 다르겠지만, 미팅으로 찾아온 방문객은 기본적으로 현관까지 배웅한다. 빌딩에 입주하고 있는 회사라면 방문객이 돌아갈 때는 엘리베이터 앞까지 배웅한다고 생각하면 된다. 상사와 함께 배웅할 경우에는 조금 먼저 가서 엘리베이터 버튼을 누르는 것이 적절하다.

엘리베이터에 방문객이 타면 감사 인사를 하고 문이 닫힐 때까지 인사한다. 그렇다고 해서 필요 이상으로 너무 길고 지나치게 정중한 인사는 오히려 상대에게 부담이 될 수 있다. 이런 과장된 인사를 받으면 일단 그것에 어울리는 정중한 인사 정도는 해야 하고, 인사가 너무 길어지면 서로 부자연스러운 자세를 계속 하고 있어야 하기 때문에 적절한 시점에 멈추는 편이 좋다. 오피스 빌딩 엘리베이터에는 다른 회사 사람이 타고 있는 경우도 있으므로, 엘리베이터 안의 사람들이 지켜보는 가운데 인사를 하다 보면 창피한 생각이 들기도 한다. 배웅할 때에도 상대의 입장에서 생각하는 것이 중요하다.

미팅 완료에서 배웅까지

A 마무리는 상대방이 먼저

미팅을 일단락 짓는 타이밍은 고객이 주도권을 잡고 있다. 일 이야기가 끝났다고 해서 안절부절못하고 차분하지 않은 행동을 해서는 안 된다.

NG TALK　그럼, 안녕히 가십시오.

B 일어서는 것도 고객이 먼저

고객이 일어서기 전에 먼저 일어서지 않는다. 앞서 일어서거나 문을 연다거나 하는 행동은 "빨리 돌아가 주세요." 라고 말하고 있는 것이나 다름없게 여겨진다.

C 퇴실

고객보다 조금 타이밍을 늦춰 일어선다. 민첩하게 응접실 문을 열고, "가시죠."라고 한마디 곁들이며 안내한다. 밖으로 나가서 문을 닫기 전에도 시선을 고객에게 보내고 웃는 얼굴로 고개를 숙인다.

D 엘리베이터에서 배웅

· 엘리베이터 앞까지 걸어가면서 바쁘신데 와 주셔서 감사하다는 등 인
  상에 남는 한마디를 덧붙이면 좋다.
· 고객보다 먼저 엘리베이터의 버튼을 누른다.
· 엘리베이터가 도착하면 문이 닫히지 않도록 밖에서 버튼을 누르고,
  고객이 안으로 들어가면 버튼에서 손을 뗀다.
· 엘리베이터에 고객이 타고 나서 문이 닫히고 층수 표시가 움직이기
  시작할 때까지 긴장을 늦추지 않는다.

Hot Button

문이 닫힐 때까지 타이밍 좋게 인사
너무 빨리 인사를 해 버리면 서로 민망하다.
또 일단 닫힌 문이 다시 열리는 경우도 있는
데, 그때 긴장 풀린 모습으로 있다가 보이게
되면 이 또한 겸연쩍다.

차로 고객을 배웅하는 방법

여운은 여기에서 남긴다

고객과 현관에서 인사하는 것으로 배웅이 끝나지 않는 경우도 있다. 회사가 도심에 있거나 지하철역 등에 가까운 경우라면 현관까지의 배웅으로도 충분하지만, 교통편이 불편한 곳이라면 고객이 돌아갈 때 차로 배웅해야 하는 상황이 생길 수도 있다. 이때 택시를 부르거나 회사 차를 이용하는 방법이 있는데, 택시를 부르는 경우라면 고객이 "죄송하지만, 택시를 불러 주시겠어요."라는 말을 하기 전에 "택시를 불러 드릴까요?"라고 먼저 권하도록 한다.

주의해야 할 것은 회사 차로 배웅하는 경우인데, 평소 영업에 사용하는 회사 차라면 대부분 뒷좌석에 상품 샘플이나 자료 등이 쌓여 있을 것이다. 이런 경우 고객을 기다리게 해 놓고 뒷좌석을 허둥지둥 정리하는 일이 없도록 사전에 미리 준비해 두어야 한다. 또 매너 규칙에 따르면 뒷좌석이 좌석순위에서 상석이라고 되어 있지만, 작은 차종일 때는 보다 편안한 조수석을 권하는 배려가 필요하다.

차로 고객을 배웅하는 방법

A 회사에서 대중교통 이용이 불편한 경우

택시

미팅을 완료한 후에 기다리지 않도록 미리 대기시켜 둔다. 택시의 뒷좌석 문을 열고 "타세요."라고 권한다. 행선지는 고객에게 맡기도록 한다.

회사 차

어질러진 차 안을 보이지 않도록 사전에 정리해 둔다. 뒷좌석의 문을 열어 주고 타게 한다. 승차를 확인한 후에 문을 닫는다. 2도어일 때는 조수석에 타게 하는 것이 좋다. 어디로 갈지 행선지를 알리고 싶지 않은 경우도 있기 때문에 가장 가까운 대중교통 이용 장소까지 배웅하는 것이 좋다.

B 고객이 자신의 차로 돌아갈 때

운전석 측에 서서 배웅을 하고 차가 보이지 않을 때까지 차를 계속 바라보며 서 있는다.

C 차내 자리 순서

택시 / 운전자가 딸린 경우

택시는 진행방향의 오른쪽이 최상석이 된다. 조수석은 말석이 되고 여기에 앉은 사람이 택시비를 지불한다.

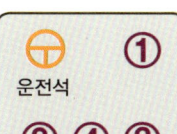

오너 드라이버인 경우

기본적으로 운전석과 조수석은 동격인 사람이 앉도록 한다. 운전자가 접대하는 쪽의 상위자라면 상대의 상위자가 조수석에 앉는다. 운전자가 아랫사람인 경우는 상위자끼리 뒷좌석에 앉는다.

Hot Button

자동차의 자리 순서가 정해져 있다고는 해도 경차나 2도어 차 등 뒷자리가 좁은 자동차라면 무리해서 타게 하는 것은 피한다. 고객의 체격 등을 보고 임기응변으로 대처한다.

Sales
Image
Tuning

Meeting Technique ▶▶▶

상품 설명, 프레젠테이션의 매너

주장하는
자리가 아니다

파워포인트 등 자료를 사용해 상품 설명을 할 때 처음부터 끝까지 자료를 쭉 읽어 내려가는 영업사원이 있는데, 참으로 아마추어다운 행동이다. 자료를 읽는 것만으로 충분하다면 바쁜데 굳이 시간을 할애해서 설명을 들을 이유가 없다. 배포된 자료는 어디까지나 보조 자료에 지나지 않는다는 사실을 명심하자. 따라서 프레젠테이션에서는 초점을 좁혀서 설명하도록 한다. 자료는 설명을 듣다가 참고할 때 슬쩍 보는 정도가 좋다.

본래 미팅에 필요한 자료는 말로 설명하기 어려운 점을 보충하는 것과 상품 설명에는 필요 없지만 최종 계약을 위한 검토에 필요한 데이터를 정리한 것 등이다. 미팅이 단지 상품 설명이나 자료 설명으로 끝나 버리면 시간 낭비라고 느껴질 수 있다. 그것이야말로 굉장한 실례가 된다. 또 고객들은 의외로 발표자 이외의 인물을 관찰하고 있다는 점에 주의하자. 자신이 이야기하고 있지 않을 때나 서브의 입장일 때도 발표자와 똑같은 자세로 프레젠테이션에 임한다.

상품 설명, 프레젠테이션의 매너

A 화면과 겹쳐지지 않도록 세팅

프레젠테이션을 할 때 화면을 자신의 오른쪽에 배치해서 화면과 듣는 사람 모두를 볼 수 있도록 비스듬히 선다. 빔 프로젝터의 정면에 서서 자신의 얼굴에 내용이 비추는 일이 없도록 주의한다.

B 내용에 초점을 맞춘다

자료는 설명의 보조에 지나지 않는다. 프레젠테이션에서는 초점을 좁혀서 설명한다.

 SALES TALK

B 자료와 C 자료는 나중에 시간이 있으실 때 한 번 보세요. 오늘 설명할 내용과 가장 관계 있는 내용은 A 자료입니다.

C 원고는 가능하면 들지 않는다

원고는 포인트에 형광펜으로 표시를 해서 책상 위에 놔둔다. 사전에 리허설을 해서 내용을 확실하게 기억하는 것이 가장 좋다. 암기할 수 없는 수치는 파워포인트의 그래프 등을 이용해서 보충하면 좋다.

D 서브일 때도 회의에 확실히 참가한다

고객들은 의외로 발표자 이외의 인물을 관찰하고 있다. 자신이 이야기하고 있지 않을 때에도 발표자와 똑같은 자세로 프레젠테이션에 임한다.

Hot Button

프레젠테이션 준비

- 자료는 사용하는 순서대로 파일링해 두면 자신도 고객도 헤맬 일이 없다.
- 컴퓨터를 사용하는 경우에는 사전에 파일이 열리는지 확인해 둔다.
- 상품을 손에 들고 설명할 때에는 상품의 정면이 듣는 사람에게 잘 보이도록 든다. 손을 이리저리 흔들면 중요한 프레젠테이션의 집중력이 흐트러져 버린다.

이야기가 무르익는 대화 방법

생기 있는 목소리로 호감도 업

상품 설명 내용은 훌륭한데 왠지 그 훌륭함이 전해지지 않는 경우가 있다. 그런 영업사원의 이야기가 과연 마음에 남을까? 고객의 마음을 움직이는 것이 가능할까? 상대의 신호를 감지하지 못하고 이야기하는 것은 혼자서 떠드는 것과 마찬가지다. 미팅이나 상품 설명은 결코 혼자서 하는 스피치가 아니라 상대와 주고받는 커뮤니케이션이다.

상품을 설명하는 장면을 떠올려 보면 분명히 설명하는 쪽이 계속해서 이야기하고 있는 것처럼 보인다. 그러나 실제로는 설명을 듣는 쪽도 신호를 발신하고 있다. 끄덕이거나 맞장구를 치고 있는 것은 물론 펜을 쥐거나, 자료를 들춰 보거나, 차를 한 모금 마시는 등 무심결에 하는 듯한 동작 하나하나에 그때의 기분이 반영되고 있다. 특히 상품 설명처럼 말하는 사람과 듣는 사람으로 입장이 확실하게 나뉘어 있는 경우, 설령 의문을 느끼고 있다고 해도 설명을 끊으면서 질문하는 일은 꺼리기 쉽다. 듣는 사람이 자료 앞쪽을 다시 보고 있다거나 설명문에 표시를 하는 행동은 의문이 있다는 뜻이다. 이런 상대의 '신호'를 놓치지 말자.

이야기가 무르익는 대화 방법

A 스마일로 토크

입꼬리는 양쪽으로 올라가고 눈꼬리와 눈썹은 내려오는 미소는 상대의 의욕을 환기시킨다. '당신에게 관심을 가지고 있어요.' '말하는 것은 진심이에요.'라는 메시지를 상대에게 전달하기 때문에 상대는 '그럼 열심히 해 보자.' '그렇다면 도와줘야지.'라는 의욕을 불태우게 된다. 자연스러운 미소가 나올 수 있도록 거울을 보면서 얼굴의 근육을 단련해 놓는다.

B 맞장구치는 법

말하는 사람이 보다 기분 좋게 얘기하도록 돕는 것이 맞장구의 역할이다. 듣는 사람의 반응이 좋으면 얘기하는 사람은 신이 나서 얘기를 계속할 수 있다. 그 결과, 자기 얘기를 잘 들어 주는 좋은 사람이라고 호감을 갖게 된다.

Check Point

☐ 타이밍 좋게 "그렇습니까?" "그렇군요." 라고 말한다.

☐ 눈을 확실히 보면서 듣는다.

☐ 재미있는 얘기, 들은 적이 없는 얘기에는 "아, 그런 거예요?" 라고 말하며 목을 위아래로 끄덕거린다.

☐ "그런 거군요. 이해했습니다." 라고 말하면서 양손을 마주 잡는 포즈를 취하며 상대방 이야기를 이해했다는 신호를 보낸다.

Hot Button

비호감 몸동작

자신은 알아차리지 못한 버릇이나 몸동작을 지적받아 본 적은 없는가? 무의식중에 부정적인 인상을 주지 않도록 주의하자.

■ 팔짱을 끼고 듣는다.

■ 턱을 괴고 듣는다.

■ 책상 아래에서 구두를 벗고 발가락 끝을 까딱까딱 움직이면서 듣는다.

■ 빈번하게 다리 꼬는 방향을 바꾼다.

■ 연필이나 펜으로 책상을 두드린다.

■ 손가락을 빈번하게 바꿔 가며 깍지를 낀다.

거만한 자세는 아니므니다~

이야기를 계속하는 방법, 마무리하는 방법

능력자의 실력은
이럴 때 나타난다

고객에게 전하고 싶은 내용을 제대로 전달할 수 있도록 효과적으로 말하는 데에는 나름의 테크닉이 필요하다. 우선은 내용을 요약, 정리하는 습관을 들이도록 한다. 결론을 먼저 이야기하는 것이 좋고, 고객의 흥미를 끌 만한 키워드로 시작하는 것도 효과적이다. 문장은 짧고 확실하게 말하고, 애매한 표현은 피한다.

그러나 어떻게 해도 고객과의 이야기가 끊겨 버릴 때가 있다. 고객이 원래 말이 없는 성격인 경우 이런 일이 생기곤 하는데, 고객의 무반응에 자신감을 상실해 상품 설명까지 어색해지곤 한다. 그러나 이런 고객은 확실히 듣고 있으니 반응이 없는 것에 안달하지 말고 담담하게 진행하는 것이 중요하다. 반대로 아무리 시간이 지나도 얘기를 끝내지 않는 사람도 있다. 고객과 장시간 얘기할 수 있다는 것은 바람직한 일이지만, 다른 약속이 있거나 할 때에는 고객에게 실례가 되지 않도록 잘 마무리해야 한다. 이런 경우 아무리 잘 마무리했어도 고객 입장에서는 설명이 부족하다고 느낄 수 있으므로, 회사로 돌아온 후에 메일 등을 통해 그 이야기에 대해 상세히 설명하면 고객은 당신을 보다 신뢰하게 될 것이다.

이야기를 계속하는 방법, 마무리하는 방법

A 이야기가 끊어지기 쉬울 때

상대가 말이 없는 경우

말이 없는 사람은 얘기가 활기를 띠지 않는 것에 불쾌감을 느끼지 않으므로 긴장하지 말고 담담하게 진행하도록 한다. 가만히 입을 다물고 상대의 눈을 바라보면 쑥스러워져서 말을 꺼내는 일이 있다.

중간에 이야기가 끊기는 이유가 따로 있는 경우

상대가 서두르고 있다면 상대의 진의를 살피려는 포즈를 취한다. 또 기분이 안 좋아 보이는 경우에는 캐묻거나 하지 말고 자연스럽게 마무리를 하는 것이 좋다.

B 약속 시간을 기준으로 완료

이야기가 길어질 것 같다면 상대방에게 확인한다.

SALES TALK

조금 더 시간 괜찮으십니까?

방문한 쪽에서 맺는 말을 건네며 미팅을 일단락 짓는다.

SALES TALK

그럼, 이번 건은 지시대로 진행하겠습니다.

C 이야기를 마무리하는 방법

자연스럽게 시계를 쳐다보다가 예상외로 길게 이야기하고 있다는 포즈를 자연스럽게 취한다.

책상 위 서류를 정리하는 등의 동작으로 미팅을 끝낼 타이밍을 만든다.

마시던 차를 다 마시는 동작으로 상대에게 마무리의 신호를 전한다.

대화를 활기 있게 하는 메모 쓰는 방법

메모는 최고의 리액션이다

미팅 중에는 당연히 상대의 이야기를 경청해야 한다. 물론 여기에도 지켜야 할 매너는 있다. 우선 상대에게 잘 듣고 있다는 신호를 보내는 것이다. 끄덕이거나 맞장구를 치거나 하지 않으면 이야기하는 사람은 '듣고 있지 않는 것 아니야?' '딴 생각하고 있는 것 아니야?'라고 불안해진다. 메모를 하는 것도 긍정적이고 적극적인 이미지를 주는 데에 좋다. 나중에 보고 떠올리기 위해서 적는 것이지만, 메모를 하는 것 자체가 상대의 이야기를 잘 듣고 있다는 신호가 된다.

상대와의 대화에 집중하지 않는 모습이라고 생각해서 메모를 하지 않는 사람이 있는데, 이것은 잘못된 생각이다. 고객의 요구 사항이나 생각을 확실히 전해 듣고 있다는 것을 메모로 표현하면 분명하게 전달된다. 도중에 의문이 생길 때에도 바로 질문하지 말고 메모해 두면 상대방 이야기를 끊지 않기 때문에 긍정적인 느낌을 주게 된다. 특히 이야기 중 숫자가 나오거나 포인트가 되는 것은 적극적으로 메모한다. 모든 이야기를 다 메모하려고 하면 오히려 듣기 싫은 것으로 비쳐서 역효과가 날 수도 있다.

대화를 활기 있게 하는 메모 쓰는 방법

A 메모하는 방법

· 메모를 하면서도 상대를 바라보며 이야기를 계속 듣고 있다는 태도를
유지한다.

· 메모를 하면서도 끄덕이는 등 맞장구치는 동작을 한다.

얘기에 집중한 나머지 펜을 테이블 위에 내려놓고 몸을 앞으로 내밀며 적극적
으로 듣는 행동을 취하면, 메모할 때와는 다른 리액션이기 때문에 상대는 더욱
얘기에 집중하게 된다.

B 부탁이나 약속 등의 메모

상대와의 약속이나 상대가 청한 부탁 등은 메모하고 있는 내용을 오히려 보여 주는 편이 좋다. 상대에게도 정확한 내용을 메모하고 있다는 것을 확인받을 수 있다.

C 메모하면 안 되는 경우

사적인 이야기나 농담 등을 나눌 때, 일 얘기가 일단락된 후에는 더 이상 메모하지 않는다는 것을 알 수 있도록 수첩을 덮어 상대를 안심시킨다.

D 촬영, 녹음

촬영이나 녹음을 필요로 할 때는 먼저 양해를 구해야 한다.

> **SALES TALK** 죄송합니다. 괜찮으시다면 녹음하고 싶은데요.

Hot Button ....

펜과 수첩은 바로 꺼낼 수 있도록

펜과 수첩은 2초 안에 꺼낼 수 있는 곳에 넣어 둔다. 미팅 전에 넣어 둔 위치를 반드시 확인한다. 보통 상의 안쪽 주머니나 셔츠의 가슴 주머니에 넣어 두면 편하다.

빨리 꺼낼 수 있는 곳!

무리가 없는 칭찬 방법

아부하지 마라

NO.31
칭찬달인

미팅 전후의 가벼운 대화 주고받기가 사실은 미팅의 성패에 깊이 관련되어 있다. 몇 번 만나서 그 사람의 취향이나 성격 등 상대방에 대한 정보를 알고 있다면 대화 소재를 찾을 수 있지만, 처음 만나는 상대이거나 몇 번 봤지만 아직 잘 모르는 상태에서는 상대의 취미나 기호에 맞춰 이야기하기가 어려운 법이다.

그런 때에는 상대를 칭찬하는 것이 좋다. 하지만 어떤 칭찬을 할 것인지에 조심해야 한다. 처음 만났다면 고객의 개인적인 성취나 재능을 칭찬하는 편이 안전하다. 사람들은 일반적으로 자신의 성과에 자부심을 가지고 있고, 그것에 대해 말하기를 좋아한다. 스타일과 기호를 칭찬하는 것도 좋다. 사람에 따라 민감한 반응을 보일 수 있는 신체에 관련된 칭찬보다는 개인적인 기호를 반영하는 의상이나 스타일에 대해 칭찬하면 기분 좋게 반응한다. 단, 진심이 담기지 않거나 너무 지나치면 입에 발린 소리로 보여 역효과가 생길 수 있으니 주의한다.

무리가 없는 칭찬 방법

A 칭찬 포인트

분위기, 스타일, 센스, 말씨는 처음 만난 사람이라도 잘 관찰하면 칭찬 포인트를 발견할 수 있다. 지식, 가족, 일, 경험, 사고방식 등 외견만으로는 바로 알 수 없는 것에 관해서는 어느 정도 서로 알고 나서 칭찬한다.

B 그 사람 자체를 칭찬한다

몸에 걸치고 있는 것이나 직업을 칭찬하기보다도 그것을 선택한, 이루어낸 당신이 대단하다고 말하는 것처럼 그 사람의 센스나 노력 등을 칭찬하면 더 기쁜 법이다. 주의 깊게 관찰하거나 말을 잘 듣고 변화한 점, 노력하고 있는 점을 찾아서 칭찬한다.

구두 고르는 감각이 탁월하시네요.

C 지나치게 칭찬하지 않는다

상대를 칭찬할 때에는 칭찬 포인트를 한 점으로 좁혀서 구체적으로 무엇이 좋은지 딱 꼬집어 칭찬하면 신뢰감이 더해진다. 장황하게 칭찬만을 늘어놓으면 신빙성이 떨어져서 그 사람 말을 신뢰하지 않게 된다.

네일 컬러랑 옷이 잘 어울리네요.

Hot Button

특별히 칭찬할 말이 생각나지 않으면
눈앞에 보이는 환경이나 상황, 즉 날씨나 현재 있는 장소를 화제 삼아 대화를 시작하는 것도 효과적이다. 미소를 지으며 그 순간에 보고 있는 것이나 들리는 것을 소재로 말을 걸면 된다. 자신 앞에 있는 고객들도 그 순간 같은 공간에 있기 때문에 동시에 경험하고 있는 것들을 자연스럽게 연결할 수 있어서 쉽게 반응한다.

유머 사용 매너

내가 망가지면 분위기가 뜬다

세일즈맨이 갖춰야 할 마음가짐으로 "얼마나 자신을 버릴 수 있는가?"라는 말이 있다. 이 말은 자신의 프라이드를 완전히 버리라는 말이 아니라, "얼마나 고객을 기분 좋게 할 것인가?"라는 뜻이다.

상대를 기분 좋게 만드는 방법으로는 적절한 유머를 대화 중에 사용하는 것이 있다. 적절히 건넨 유머 한마디로 상대방은 기분이 좋아질 수 있고 긴장을 풀 수 있다. 그 결과 두 사람의 관계가 돈독해질 수 있다. 하지만 유머 역시 커뮤니케이션이다. 자기만 이야기하고 상대방에게 듣기만을 강요한다면 좋지 않은 결과를 가져온다. 또 상대방이 자기를 낮춰서 재미있는 유머를 시도하는 경우도 있다. 이런 때 잘 받아 주지 않으면 상대방은 불쾌하게 느낄 수 있다. 따라서 친하지 않은 사람들에게 유머를 건넨다는 것은 조심스러운 일이다. 하지만 대화 중에 유머가 오간다는 것은 친밀한 사이가 되었다는 신호이기 때문에 무례하지 않고 썰렁해지지 않는 적정선에서 대응하는 것이 중요하다.

유머 사용 매너

A 상대가 유머를 건넬 때

상대가 유머를 건넨다는 것은 어느 정도 신뢰관계가 생겼다는 증거이다. 잘 받아 줘서 상대를 기분 좋게 해 줄 필요가 있다. 하지만 분위기에 휩쓸려 무례하다고 느껴질 정도로 받아쳐서는 안 된다. 상대의 예상을 벗어나는 말은 오히려 기분을 해쳐 버린다.

B 자신이 유머를 건넬 때

무리하게 자신이 먼저 웃기려고 할 필요는 없다. 만약 상대가 자신의 부족한 부분을 악의 없이 지적한 일이 있다면 그 부분을 농담의 소재로 삼아서 상대에게 우월감을 갖게 한다. 이성에게 농담을 하면 재미있어하는 사람도 있지만, 따분해하는 사람도 있고 성차별주의자로 오해하는 사람도 있으니 특히 주의한다.

C 분위기를 띄우는 유머

☐ 상대방이 예상 못한 대답을 내놓는다. 웃음은 의외성에서 나오므로 상대방의 예측을 깨는 대답을 내놓는다면 유머가 될 수 있다.

☐ 가끔은 사오정이 되어 본다. 상대방이 하는 말을 알아듣지 못하는 척, 엉뚱한 대답을 내놓으면 상대는 순간적으로 황당해하다 나중에는 웃음을 짓게 된다.

☐ TV에 나오는 연예인들의 특징을 흉내내어 본다. 일상에서도 이런 연예인들의 목소리나 행동을 흉내내 보자. 반응이 좋으면 개인기로 개발한다.

☐ 세태를 풍자함으로써 분위기를 한순간에 고조시킬 수도 있다. 그 시기의 사회적 문제를 빗대어 재치 있게 비판한다면 다른 어떤 유머보다 효과적일 수도 있다.

Hot Button

과장된 손짓과 말로 상대방을 즐겁게 허풍이 눈에 빤히 보이지만 그것이 나쁜 거짓말이 아니면 오히려 분위기를 화기애애하게 만들 수도 있다. 이때 과장되거나 재미있는 손짓을 함께 보여 주면 사람들을 이야기에 더 집중시킬 수도 있다.

여성 담당자와의 대면 매너

여성성을
먼저 이해하라

이 페이지는 남성에게만 해당되는 이야기이므로 세일즈 우먼들은 읽지 않아도 좋다. 미팅의 상대가 언제나 중년 남성만이라고 한정할 수는 없다. 당신보다도 훨씬 젊은 사람이거나 반대로 나이가 많으신 분, 혹은 여성이나 외국인인 경우도 있을 것이다. 특히 만난 상대가 젊거나 여성인 경우에 신경 써야 하는 것은 상대를 깔보는 듯한 태도를 보이지 않는다는 점이다. 연공서열의 구조가 사실상 붕괴된 요즘에는 설령 나이가 어리거나 여성이라고 해도, 풍부한 경험이나 전문지식을 갖고 있거나 권한이 높은 지위에 있는 일도 드물지 않기 때문이다.

예를 들어 신입사원이거나 경험이 별로 없는 사람이라고 해도 상대가 고객인 이상, 어린 사람 취급을 하는 것은 절대로 용납될 수 없는 일이다. 더욱 신경 썼으면 하는 것은 남녀평등 분위기가 짙어지다 보니 여성에 대한 배려가 약해질 수 있다는 점이다. 생활 스타일도 몸의 구조도 남녀 사이에는 분명히 차이가 있다. 여성을 능숙하게 잘 에스코트할 수 있는 남성이 세일즈에서도 높은 평가를 받는 것은 당연하다.

여성 담당자와의 대면 매너

A 포인트

우선 자신을 잘 알리는 것이 중요하다. 어떤 칭찬이라도 상대가 불쾌하게 생각해서 상처받는다면 성희롱이 되어 버린다. 여성의 입장에 서서 발언해도 좋을지 아닌지 항상 생각하면서 말한다.

B 몸차림

특히 여성 고객을 만날 때는 무엇보다 청결에 신경 쓴다. 비듬, 손톱 끝의 때 등을 보이지 않는 것이 최소한의 매너이다. 입 냄새, 땀 냄새, 담배 냄새가 나지 않는지 늘 체크한다. 그렇다고 향이 강한 향수를 사용하는 것도 좋은 이미지를 주지 못한다. 방문 전 식사에서는 옷에 음식 냄새가 배지 않도록 주의한다.

C 면담 중 주의사항

용모나 복장에 대한 칭찬은 상대와 친해진 후에 하도록 한다. 첫 대면에서는 무리해서 칭찬하지 않는다. 그리고 대화 중에는 특히 시선에 신경을 쓴다. 눈을 뚫어지게 쳐다보는 것도 좋지 않지만, 얼굴 아래로 시선을 떨어뜨리는 것도 오해를 살 수 있으므로 주의한다.

D 집요하게 묻지 않는다

상대 여성 담당자가 컨디션 불량으로 월차를 냈다거나 만났을 때 컨디션이 나빠 보인다고 해도 꼬치꼬치 집요하게 이유를 캐묻지 않는다.

NG TALK

> 안색이 안 좋으신데 어디 아프세요?

Hot Button

감사합니다.

상대방의 취향을 잘 모를 때는
백화점 상품권이나 도서 상품권, 피부 관리실 이용권 등의 선물은 여성에게 다양한 선택의 폭을 제공하는 선물이기 때문에 많은 여성들이 선호한다.

외국인과의 대면 매너

쫄지 말고
대화하자

요즘에는 다수의 외국계 기업이 있기 때문에 세일즈에서도 외국인과 만나는 일이 그만큼 드물지 않게 되었다. 그렇다고는 해도 일상적으로 외국인과 접하지 않던 사람이 막상 외국인과 마주하게 되면 당황하고 긴장되는 게 당연하다. 외국어, 특히 영어에 능숙하지 않아 말이 통하지 않기 때문일 것이다. 그러나 중요한 미팅인 경우에는 보통 통역이 있기 때문에 실제로는 걱정할 정도의 의사소통 문제는 없다. 오히려 신경 써야 할 것은 통역에게만 전적으로 맡겨 두고 언어 이외의 커뮤니케이션에 소홀해서는 안 된다는 점이다.

굳은 표정으로 일관하거나 옆 사람과 한국말로 속닥속닥 귓속말을 하는 등 눈앞의 외국인을 한 사람의 고객으로서 배려하고 있는지 생각해 볼 필요가 있다. 고객이 외국인이어도 미팅 이전에 사람 대 사람의 만남이라는 느낌이 먼저이다. 다음 사항에 주의해서 서로 기분 좋게 미팅할 수 있는 분위기를 만들도록 하자.

외국인과의 대면 매너

A 눈을 보고 이야기할 것

눈을 맞추지 않는 것은 불성실함의 표시라고 여기는 나라도 있으므로
주의한다.

B 레이디 퍼스트

우리나라도 최근 여성을 우선하는 분위기로 바뀌고는 있지만 여전히
여성을 정중히 대하는 데 익숙하지 못한 사람들이 많다. 부부동반일 경
우 특히 조심하자.

C 프라이버시에 대해 묻지 않기

우리나라 사람들은 처음 만나서도 서로에 대해 거리낌 없이 잘 묻는 편
이다. 하지만 특정 국가에서는 주소만 물어도 계층이나 수입 등을 묻는

것과 마찬가지로 받아들여 불쾌하게 여길 수도 있다. 특히 나이를 묻거나 인종 또는 종교에 관한 이야기는 하지 않는다.

NG TALK

몇 살이십니까?

D 빨리 먹지 않기

외국인들은 대부분 천천히 음식을 먹으며 대화 나누는 것을 좋아한다. 우리처럼 10분 만에 후딱 해치우는 것을 보면 깜짝 놀랄지도 모른다.

E 소외감을 갖지 않도록

딱딱하게 굳은 표정으로 이야기하지 않는다. 그렇지 않아도 무슨 얘기를 하고 있는지 모르는데 이런 행동을 보면 신뢰감이 생기지 않는다. 또 한국어로 쓰여져 있는 서류를 배포할 때는 한국어를 모르는 외국인에게도 똑같이 배부한다.

Hot Button

당당히 한 손으로 악수한다
악수는 국제 사회에서 넓게 통용되는 인사 스타일이다. 비굴해 보이게 두 손을 사용해서 하지 말고, 당당하게 상대의 눈을 보면서 한 손으로 하면 된다.

무리한 조건을 요구했을 때 반격하는 방법

아닐 땐 쿨하게
단념하자

비즈니스는 사이 좋은 동호회 모임이 아니다. 귀에 들기 좋은 말만 나눠서는 영업이 성립될 수 없다. 때로는 고객으로부터 도저히 맞출 수 없는 조건을 제시받는 일도 있다. 또 무리한 조건인 줄 알면서도 영업사원을 시험해 볼 작정으로 터무니없는 요구를 해 올 때도 있다. 이런 난처한 상황에 직면했을 때는 화를 내거나 허둥대지 말고 올바른 매너를 취해서 그 국면을 타개해야만 진정 실력 있는 영업사원이라고 할 수 있다.

고객들로부터 자주 요구받는 것이 '가격 인하'이다. 그러나 톱 세일즈맨은 기본적으로 일절 가격을 깎아 주지 않는다는 사람이 많은 것 같다. 그들은 그 상품을 제공하는 것으로 지불하는 대가 이상의 가치를 제공한다고 약속하면서 영업 활동을 하고 있다. 그러니까 깎아 달라는 말을 듣고 선뜻 할인해 주는 것이 오히려 고객에 대한 실례라고 생각하는 것이다. 그렇다고는 해도 고객의 요구 사항을 일언지하에 거절하는 것은 용기가 필요하다. 이런 상황에서는 어떻게 하면 좋을지 사전에 상사와 확실히 정해 두는 편이 좋다.

무리한 조건을 요구했을 때 반격하는 방법

A 준비

판매 활동에 들어가기 전에 그 상품의 가격 인하가 가능한지 어떤지 확인해 둔다. 채산성을 확인하고 가격 인하를 할 수 있다면 얼마까지인지 체크해 둔다.

B 타사의 가격 정보를 입수한다

타사의 가격 정보를 가능한 한 입수해서 고객의 견제에 대비한다.

C 교섭

상대편 의사 결정권자가 동석해서 의뢰하는 경우가 있다. 이런 때 바로 "회사에 돌아가 검토한 후 알려 드리겠습니다."라고 하면 신뢰감이 떨어질 위험이 있다. 어느 정도의 판단 기준은 가지고 있어야 한다.

가격 인하를 하지 않을 경우

· 그 자리에서 정중하게 거절한다. → 앞으로의 거래가 끊겨도 리스크가 적은 고객인지, 아니면 앞으로도 주요 고객인지를 진지하게 검토한다.

· 상품 사용으로 얻어지는 부가가치, 활용 후 얻을 수 있는 성과가 가격 이상이라는 점을 강조한다.

· 상품 원가 부분에 대해서는 다루지 않는다.

· 가격 인하 이외에 어떤 서비스를 제공할 수 있는지 제시한다.

가격 인하를 할 경우

· 얼마까지 가격 인하가 가능한지 확인해 둔다. → 원가 아래로 내려가도 앞으로 거래를 계속하는 것이 메리트가 큰 경우도 있다.

Hot Button

무리한 요구를 해 왔을 때

분명히 무리한 요구여도 "그것은 무리이다. 어떻게 해도 들어줄 수 없다."라고 그 자리에서 딱 잘라 거절하지 않는다. 할 수 있는지 아닌지를 생각하는 것이 아니라 상대가 곤란한 조건을 가지고 왔다는 뉘앙스로 상대가 한 말을 따라한다.

OOO원에 맞춰 달라는 말씀이시군요.

미팅 종료에서 정식 계약까지

비로소 도장을
찍어야 끝이다

미팅은 이야기가 끝났다고 종료된 것이 아니다. 많은 경우 한 번의 미팅으로 모든 것이 결정되는 일은 없다. 몇 번이고 미팅을 반복하면서 서로 이해의 폭을 넓히고, 이해관계를 조정해서 성공에 도달하는 것이기 때문에 이 일련의 흐름 전체가 미팅이라고 말할 수 있다.

미팅 회의록을 작성하거나 다음 번 미팅 때 사용할 자료를 준비할 때도 상대의 입장에 서서 생각하는 것이 필요하다. 또 일이 추진되고 나서 정식 계약, 납품 등이 행해질 때까지 미팅에서 결정된 내용이 성실하게 이행되도록 노력하는 것도 영업사원의 매너이고 의무이다. 영업사원 중에는 일이 성사될 때까지는 이런저런 이유를 붙여서 자주 찾아오다가 계약 성립 후에는 방문하지 않는 사람이 있다. 이런 얄팍한 행동은 누구에게나 읽히는 법이다. 톱 세일즈맨을 꿈꾸고 있다면 절대로 이런 모습을 보여서는 안 된다. 합의한 내용이 이행되면 법적인 책임은 없다고 해도 그에 관여한 이상, 고객이 최종적인 만족을 얻었는지 어떤지까지 확인하는 것이야말로 영업사원으로서 최소한의 매너가 아닐까?

미팅 종료에서 정식 계약까지

A 계약서 교환법

계약서는 종류나 거래 규모에 따라서 가지각색이다. 일단 받은 다음 신속하게 확인한다.

Check Point

- ☐ 서로의 명의를 확인
- ☐ 상품명, 서비스 내용
- ☐ 납품기일
- ☐ 가격, 수량

법무팀에서 계약상 불리한 점이 없는지 확인하고 나서 정식 계약을 한다.

B 사후 관리는 꼼꼼하게

서비스 담당이 바뀔 경우도 있기 때문에 가능한 한 꼼꼼하게 상황을 살펴도록 한다. 영업사원의 진정성은 사후 관리에서 드러난다. 사후 관리 능력에 따라 다음번 수주로도 연결될 수 있다는 점을 명심하자.

Check Point

- ☐ 직후 : 구매에 대한 감사 인사
- ☐ 1주일 후 : 도입에 관한 각종 문의
- ☐ 1개월 후 : 초기 불량 문의
- ☐ 6개월 후 : 사용 상황 확인 등

Hot Button

계약 성립의 흐름

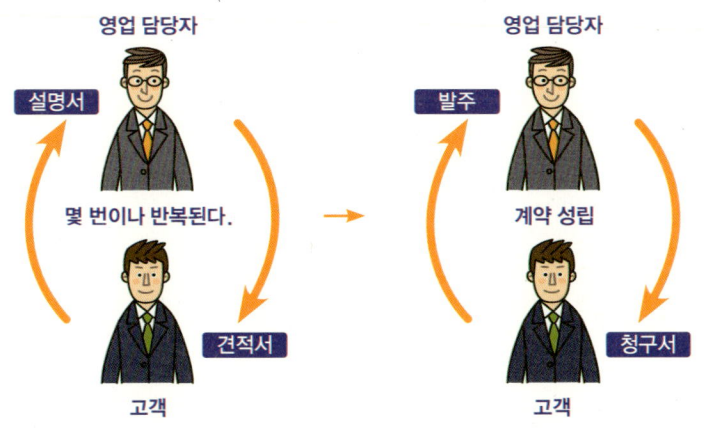

Sales
Image
Tuning

Entertaining Technique ▶▶▶

접대 장소와 메뉴 선택 요령

무조건 상대가 기뻐해야 한다

접대를 하려면 먼저 상대방이 즐기는 음식을 아는 것이 기본이다. 좋아하는 음식 종류나 음식점 분위기 등 평소에 상대의 취향을 알아 두면 선택하기 쉬워진다. 친한 상대라면 미리 물어보는 것도 좋은 방법이다. 격식은 상대에게 잘 어울릴지 어떨지를 고려한다. 참가 인원수와 접대 내용에 따라서 장소를 고르면 된다. 보통 중요한 이야기를 해야 할 경우나 인원이 적을 때는 여유 있게 식사를 즐길 수 있도록 룸을 선택하고, 인원수가 많거나 넓고 화려한 장소에서 하고 싶다면 홀을 선택하자.

또 상대방 회사와 자택 위치 등을 고려해 찾아가기 쉽고 귀가하기도 편한 장소를 선정하도록 한다. 부득이하게 교통편이 불편한 장소를 선정하게 되었다면 귀가 차량을 준비해 두는 것이 좋다. 예약하기 어려운 인기 있는 음식점이나 화제의 식당, 자비로는 쉽게 갈 수 없는 고급 레스토랑 등이라면 의외로 기뻐할 것이다. 접대하면서 대화의 소재가 될 수도 있고, 접대한 이후에도 "나도 그 음식점 가 봤다."라고 이야깃거리가 되는 경우가 많다.

접대 장소와 메뉴 선택 요령

A 접대 장소를 결정하는 체크 포인트

Check Point

☐ 고객의 취향에 맞는가?

☐ 접대 장소가 소란스럽지 않은가?

☐ 지리적으로 상대방 사무실이나 경쟁 회사에서 가깝지 않은가?

☐ 가격대가 적당한가?

☐ 접대 상대의 라이벌 회사 계열사는 아닌가?

B 상대의 취향 확인 방법

접대 날짜가 정해지면 우선 누가 올 것인지를 확인한다. 인원수와 직위를 확인하고, 가장 높은 사람이나 핵심 인물의 취향을 비서나 측근을 통해서 평소에 자연스럽게 조사해 둔다.

실례되는 질문인지 모르겠지만, 상무님과 식사 한 번 하려고 하는데 특별히 선호하시는 음식이 있나요?

C 미리 가 본다

접대 장소가 정해지면 직접 그 장소에 가 보는 것이 좋다. 사전에 가서 음식이나 방, 서비스 등을 확인한다. 한 번 가 보는 것으로 장소의 분위기를 파악할 수도 있고, 접대 순서를 결정할 때도 도움이 된다.

D 요리는 코스로

시간이 걸리는 일품요리를 접대 장소에서 선택하는 것은 세련된 에티켓이 아니다. 예약할 때 코스 내용을 확인하고 미리 주문해 두는 것이 좋다. 제일 싼 코스는 피하고 중상 정도를 선택하면 무난하다.

Hot Button

그 사람 성격이... 장소는 조용한 곳이 좋겠군!

예약 시 유의점
접대 자리는 다른 손님들과 격리된 룸이 있으면 그곳을 확보한다. 단, 룸을 싫어하는 고객도 있다는 점을 고려한다.

접대 매너 ① 준비

세세히 신경 써서
철저히 준비하자

접대 장소가 결정되면 반드시 예약을 한다. 접대 당일 음식점에 도착했는데 자리가 없어서 들어갈 수 없는 상황이 절대로 벌어져서는 안 된다. 가능하면 어느 방이나 자리인지도 미리 지정해 두는 것이 좋다. 너무 좁은 룸이나 와자지껄한 자리는 피하도록 한다. 개점 시간보다 일찍 가게를 방문해서 사정을 이야기하면 내부 모습도 한 바퀴 둘러볼 수 있다. 아직 손님이 많지 않다면 당일 메뉴 등에 대해서도 상담받을 수 있다. 요리 주문도 사전에 해 두는 것이 좋다. 그날의 상황에 따라 재료 구입이 바뀌는 일도 있기 때문이다.

예약할 때는 자신의 이름, 회사명뿐만 아니라 상대방의 회사명과 중요 인물의 이름도 알려 둔다. 가게에 갔을 때에 "○○○님이시네요. 기다리고 있었습니다."라고 자신의 이름으로 안내를 받으면 훨씬 기분 좋은 법이다. 상대방과의 연락은 접대 인원 중 직급이 낮은 사람에게 자사의 동일한 직급을 가진 사람이 하는 것이 무난하다. 연락할 때는 다른 사람에게는 알려지지 않도록 배려한다. 개인 이메일 등으로 알리면 편리하다.

접대 매너 ① 준비

🄰 출석자에게 연락

제3자에게 알려지지 않도록 이메일 등으로 연락하는 것이 좋다. 장소, 일시, 참가자를 기재하고 장소를 찾을 수 있는 약도도 첨부한다. 약도에 찾아가는 순서를 상세히 덧붙이면 보다 정중해진다. 접대 전날에 전화 등으로 최종 확인을 해 둔다.

차장님, 내일 저녁 7시 30분에 인사동에서 만나기로 하신 거 잊지 않으셨죠? 기다리고 있겠습니다.

🄱 음식점과 관련된 사전 준비

음식점에 고객의 이름, 회사명 등 정보를 전해 두면 도움이 된다. 또 접대 상대의 취향에 맞춰 미리 술을 주문해 두면 완벽을 기할 수 있다.

> 0월 0일 0시에 00은행 △△△님과 식사하러 갈 예정인데요, 추천해 주실 와인이 있습니까?

C 선물을 준비한다

접대의 격에 따라서는 선물을 준비해 두는 것도 좋다. 선물이 필요한 경우에는 상대방이 접대 장소에 도착하기 전에 미리 준비해 두도록 한다. 선물은 식사를 마치고 돌아갈 때 자연스럽게 직접 건네도록 한다.

Check Point

- ☐ 지나치게 고가가 아닌 가볍게 받을 수 있는 것
- ☐ 무게가 나가지 않는, 가벼워서 들고갈 때 짐이 되지 않는 것
- ☐ 바로 냉장 보관해야 하는 것은 피할 것
- ☐ 맛이 독특하거나 무난하지 않은 것은 피할 것

Hot Button

예약자 정보를 적는 것에 주의

잊지 말고 음식점 앞의 예약판에 '㈜00제약 000님, 0시, 0명' 등을 명시하지 않도록 지시할 것. 상대방에게도 폐가 되고 경쟁사에도 괜한 정보를 제공할 수 있다.

접대 매너 ② 만남

드디어 당일!
반갑게 마중 나간다

식사 접대라면 약속 장소에서 만나는 것이 일반적이지만 찾아오기 불편한 장소는 마중 나가는 것이 필요하다. 또 접대하는 쪽이 일찍 가서 상대방을 기다리는 것이 원칙이지만 교통 사정 등에 따라 부득이하게 기다리게 하는 일까지 고려해서 만나는 장소를 정해야 한다.

따라서 비, 바람, 추위, 더위 등 날씨에 영향받지 않는 장소가 우선이다. 그리고 가능한 한 앉아서 기다릴 수 있는 장소로 정하는 것이 좋다. 하지만 아무리 의자가 있는 장소라고 해도 접대하는 측은 서서 기다리고 있는 것이 좋다. 다음으로 너무 사람이 붐비지 않는 장소로 정한다. 서로 약속 시간에 맞춰 도착했는데 사람이 너무 많아서 찾을 수 없는 일도 생길 수 있기 때문이다. 그러므로 지하철역의 출구 등은 가능하면 피하는 것이 좋지만, 도저히 어쩔 수 없는 경우에는 정확한 출구 번호를 사전에 확인해 두도록 한다. 또한 상대방 회사나 경쟁사 사람들과 마주칠 가능성이 높은 장소도 피하는 것이 좋다. 이런 세심한 사항까지 배려해서 약속 장소를 정하는 것이 접대의 기본이다.

접대 매너 ② 만남

A 만나는 장소의 설정

지하철역의 경우 출구가 많고 복잡한 곳은 가급적 피한다. 잘 알고 있어도 서로 어긋날 경우가 많다.

Check Point

- ☐ 비가 올 것도 생각해서 젖지 않는 장소
- ☐ 알기 쉬운 장소
- ☐ 시간을 보낼 수 있는 서점, 커피 전문점, 호텔 등

B 미리 도착했을 때

- 휴대전화 등으로 만나기로 한 상대에게 전화하지 않는다.
- 언제 어디서 상대가 보더라도 온화한 표정으로 기다린다.

· 자신이 먼저 상대를 발견하는 것이 좋다.

· 10분 이상 늦기 전까지는 상대에게 "이미 와 있다."라는 전화를 걸지
  않는다.

SALES TALK

(상대에게 늦는다는 전화가 왔을 때)
저도 거의 다 와 가니 걱정하지 마시고 천천히 오십시오.

C 고객 맞이

접대 당일 고객을 맞이할 때에는 약속 시간보다 15분 정도 전에 음식점
에 미리 들어가서 자리 순서와 준비 사항을 확인해 둔다. 예약된 자리
에 앉아서 기다리기보다 음식점 입구에 서서 상대방을 맞이한다. 부득
이하게 자리에서 기다릴 때에는 먼저 입실해서 말석에 앉아서 기다리
고, 고객이 도착하면 자리에서 바로 일어나 맞이한다.

Hot Button

먼저 도착했을 때 주의사항

아무도 안 볼 것이라고 긴장감 없
는 모습으로 기다리지 않는다. 고
객이 그 모습을 발견할지도 모른
다. 또한, 고객을 먼저 발견해도
큰 목소리로 부르지 않는다. 주위
사람들에게 민망한 경우도 있다.

접대 매너 ③ 자리 순서

내 자리는 언제나 말석이다

식사 자리에도 좌석순위라 불리는 자리 순서의 룰이 있다. 따라서 접대 자리에서는 접대의 주역이 되는 직함이 높은 사람부터 들어오게끔 해서 상석부터 순서대로 안내한다. 좌식, 양식 테이블, 중식 원탁과 스타일에 따라서 좌석순위도 달라지는데, 일반적으로는 안쪽 자리 혹은 방이나 가게 전체를 다 볼 수 있는 자리가 상석으로 여겨진다. 창가의 배경이 멋진 경우에는 그것을 즐길 수 있는 자리를 상석으로 해도 좋다. 접대를 하는 쪽에서도 식당 직원과 이야기를 주고받기 쉽게 출입구 근처에 앉는 것이 편리하다. 그런 의미에서도 상대방을 안쪽 자리에 앉게 하는 편이 좋다고 할 수 있다.

그러나 화장실 이용이 불편하다는 등의 이유로 안쪽 자리에 앉고 싶어 하지 않는 사람도 있다. 그런 때에는 '나도 자주 들락날락하니까 괜찮다' 등으로 말하고, 가능한 한 안쪽 자리를 권하는 게 좋겠지만 그렇다고 너무 무리하게 강요하지는 말자. 상대방보다 먼저 도착해서 하석에 앉아 있거나 식당 직원이 자리를 권하도록 하는 방법도 있다.

접대 매너 ③ 자리 순서

A 접대 자리 순서

좌석순위의 기본은 상석에 접대받는 상대, 하석에 접대하는 측이 앉는 다는 것이다. 상대가 여러 명인 경우 직급 등을 파악해 두자. 친한 고객 이라면 상사가 특별히 선호하는 자리가 있는지 물어서 사전에 알아 두 는 것도 좋다. 반드시 미리 가서 자리를 확인해 두자.

B 레스토랑 테이블의 경우

기본적으로는 출입구에서 가장 먼 자리가 상석, 출입구에서 가장 가까운 ④번이 말석이다. 이 자 리에 직급이 낮은 사람이 앉아서 잡무를 맡는다.

C 중식 원탁의 경우

출입구

중식 원탁에서는 출입구에서 가장 먼 ①번 자리가 상석, 상석의 왼쪽이 두 번째, 오른쪽이 세 번째 순서로 직위가 내려간다. 말석은 출입구에 가장 가까운 ⑧번 자리로 상석의 맞은편이다.

D 일식의 경우

도고노마

출입구

도고노마가 있는 경우는 도고노마 앞이 상석이 되고, 도고노마가 없는 경우는 출입구에서 먼 쪽이 상석이다. 마찬가지로 모두 출입구에서 가까운 자리가 말석이다.

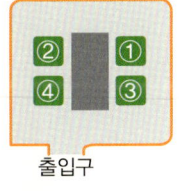

출입구

▶도고노마 : 다다미방의 정면에 바닥을 한 층 높여 만들어 놓은 곳. 벽에는 족자를 걸고, 바닥에 도자기나 꽃병 등을 장식해 두는 곳이다.

Hot Button

먼저 고객이 말석에 앉아 버렸다

우선은 상석으로 이동을 권하자. 그러나 판단하는 것은 고객이기 때문에 "여기가 편하다." 라고 말하는 경우에는 무리하게 권하지 않아도 괜찮다.

팀장님께서 안쪽으로 자리를 옮기시면 좋을 것 같습니다.

접대 매너 ④ 접대 방법

접대는
회식이 아니다

접대 자리에서 가장 주의해야 하는 것은 단순히 회사 돈으로 먹고 마시는 사내 회식 자리가 아니라는 점이다. 접대는 말 그대로 고객을 즐겁게 만들어 친목을 도모하고, 편안한 자리에서 앞으로의 거래가 원활해지는 기초를 만드는 것이 목적인 자리이다. 따라서 목적에 맞고 상대가 기뻐하는 접대만이 성공을 가져다줄 것이다.

고객이 즐기도록 한다는 것도 생각만큼 간단하지 않다. 아마 당신과 상대 주요 인물을 비교하면 상대의 연령이 높은 경우가 많을 것이다. 그렇다면 당신이 생각하고 있는 '즐거움'과 상대가 원하는 '즐거움' 사이에 차이가 있는 경우도 적지 않다. 젊은 사람이라면 대부분 시끌시끌하게 마시면서 생각 없는 농담으로 분위기를 띄우는 일이 즐거울 것이고, 농담도 버라이어티 프로그램의 개그 정도일 것이다. 그러나 어느 정도의 연령이 되면 그런 자리는 그저 시끄럽게 느껴질 수 있다. 당신이 분위기를 띄우려고 하면 할수록 상대는 괴로운 기분이 들지도 모른다. 접대 자리에서는 자신의 감각이 아니라 상대의 감각에 맞춰야 한다는 것을 염두에 두자.

접대 매너 ④ 접대 방법

A 술 따르는 방법

접대하는 쪽이 술을 따르는 것이 통례이다. 비즈니스 접대에서는 주문
전에 상표도 배려한다. 상대방과 관련 있는 브랜드가 있다면 그것을 선
택하는 것이 좋다. 맥주를 따를 때에는 상표를 위로 가게 하고 오른손
으로 상표 아랫부분을 잡고 왼손을 병의 윗부분에 덧댄다. 힘차게 따
르기 시작해서 어느 정도 거품이 나면 천천히 따른다. 소주나 청주류
는 반대로 오른손으로 술병의 입구 쪽을 잡고, 왼손으로 아래쪽을 잡고
따르는데, 이때 부딪치지 않도록 술잔에서 조금 떨어뜨려 잔의 8부 정
도까지 따른다.

B 접대의 진행

- ☐ 건배 제의는 접대하는 쪽이 행한다.
- ☐ 술을 따른 후에 어느 정도 마실 수 있는지를 봐 둔다.
- ☐ 마시는 속도를 파악한다.
- ☐ 상대방의 잔은 꼼꼼하게 살피는 습관을 들인다.
- ☐ 상대방이 너무 취하면 속도를 늦춘다.
- ☐ 소매가 요리나 술에 닿지 않도록 주의한다.

C 접대의 대화

친목 도모가 목적인 경우에는 일 얘기는 피하고 취미나 스포츠 등 누구나 공감할 수 있는 가벼운 화제를 끌어낸다. 평소 업무상 미팅 자리에서보다 호탕하게 웃는 등 리액션을 크게 하면 분위기가 더욱 산다.

Hot Button

식사 진행 정도를 살핀다

잘 먹는 것은 자연스럽게 추가 주문한다. 싫어하는 것은 남기게 되므로 식당 직원에게 말해서 자연스럽게 치우도록 한다.

접대 매너 ⑤ 정리에서 전송까지

무사 귀가까지 책임져라

NO.42
무사귀가

비즈니스 접대 자리를 잘 마감하는 것도 접대하는 쪽의 역할이다. 아무리 분위기가 업되어 있다고 해도 자리가 너무 길어지면 늘어지기 마련이다. 따라서 딱 좋은 때를 봐서 끝낼 필요가 있다. 타이밍을 보고 식당 직원에게 "빈 접시 좀 치워 주세요."라고 주문하면 상대방도 슬슬 자리를 마무리한다고 눈치챌 수 있다. 만약 2차를 생각한다면 "괜찮으시면, 한 잔 더 모시고 싶은데요."라고 말을 꺼낸다. 그러면 적어도 이 식당에서는 자리를 정리한다는 사실을 알 수 있다. 계산은 상대방이 보고 있지 않은 곳에서 미리 끝내 놓는다.

자리를 마감하고, 계산을 끝내고, 접대하는 쪽의 전원이 함께 배웅하도록 한다. 고객이 택시로 돌아갈 것 같으면 식당 앞에 택시를 미리 불러 두거나 먼저 택시를 잡도록 한다. 감사 인사는 아무리 취했더라도 확실히 해야 한다. 바꿔 말하면, 마지막까지 제대로 잘 마무리할 수 있도록 음주량을 적절히 조절해 둬야만 한다. 배웅 인사를 한다면 고객의 모습이 보이지 않을 때까지 확실하게 하는 것이 좋다.

접대 매너 ⑤ 정리에서 전송까지

A 접대의 마무리

성공적인 접대라면 시간이 지남에 따라 참가자들이 친해져서 분위기가 무르익어 간다. 모처럼 즐거운 분위기라 자리를 정리한다는 것이 찬물을 끼얹는 듯해서 말을 꺼내기 어려울 수 있지만, 종료 시각이 가까워지면 접대하는 쪽에서 정리할 시간이 되었음을 알리고 2차를 타진한다.

SALES TALK

> 오늘 즐거우셨습니까? 슬슬 자리를 정리하도록 하겠습니다. 이렇게 헤어지기 아쉬운데, 괜찮으시다면 가볍게 한 잔 더 모시고 싶습니다.

B 계산

비즈니스 접대 장소에서의 모든 지불은 접대하는 쪽에서 하는 것이 원칙이다. 접대를 마무리할 시간이 다가오면, 상대방이 화장실을 가거나 잠시 자리를 비울 때 틈을 봐서 일찌감치 계산을 끝내 둔다. 상대에게 계산하는 장면을 보이지 않도록 하는 것이 바람직하다.

C 귀가 차량 준비

택시가 필요한 경우에는 접대가 끝나는 시간에 맞춰 미리 대기하도록 준비한다. 상대방이 귀가할 때는 택시비를 먼저 택시 기사에게 건네고 접대하는 쪽 전원이 전송하도록 한다. 2차를 갈 경우에도 택시를 미리 대기시켜 놓는다. 이때 접대하는 쪽이 택시에 함께 타서 택시비를 내도록 한다.

Hot Button

함께 동승한 차량에서 상대가 먼저 내릴 경우

고객과 함께 동승한 경우 고객이 먼저 내리게 되면, 자신도 반드시 함께 내려서 전송한다. 차에서 내리지 않고 차 안에서 인사하는 일은 없도록 한다. 차 안에 두고 내리는 물건이 없는지도 확인한다.

노래방, 단란주점 등의 2차 접대

마이크를 독점하지 마라

접대 자리에서는 2차를 가는 경우도 많다. 2차 접대의 특징은 쉽게 친해져 서로 격의 없어지고, 업소마다 독특한 분위기가 있어서 상대에게 맞는 업소를 선택할 수 있다는 점이다. 만약 처음부터 2차가 예정되었을 경우에는 어디로 갈지 미리 정해 두고 업소에도 예약을 해 둔다. 어떤 업소로 할지는 역시 상대의 취향에 따라서 정한다. 가라오케를 좋아하는 사람도 있지만 싫어하는 사람도 있다. 미리 그것을 알아 두는 것이 좋다. 접대를 받는 주요 인물에게 직접 물어볼 수는 없어도 그 부하 직원 등에게는 정보를 얻기 쉬울 것이다.

노래방 등을 갔을 때에는 상대가 부르려고 하는 노래를 불러 버리지 않도록 주의해야 한다. 상대가 얘기하거나 노래하거나 할 때 자신이 부를 노래를 고르기 위해서 노래 책에 몰두하는 것도 엄금. 목적은 어디까지나 상대를 접대하는 것이므로 자신이 부를 노래는 바로 찾을 수 있는 스탠더드한 것으로 충분하다. 아무리 2차인 가라오케라고 해도 무리하게 강요하면 짜증이 나는 법이다. 적정선을 잘 구분하자.

노래방, 단란주점 등의 2차 접대

A 가라오케 매너

아무리 가라오케를 좋아하거나 노래를 잘한다고 해도 혼자서 계속 부르지 말아야 한다. 또 자신이 좋아하는 곡만이 아니라 한 곡은 누구라도 알고 있는 곡을 선택해야 분위기가 좋아진다. 다른 사람이 노래하고 있을 때는 자기 곡 찾기에 열중해서는 안 되고, 자신이 좋아하는 곡이라도 무리하게 끼어들어서는 안 된다.

SALES TALK
> 팀장님의 노래가 듣고 싶습니다.

B 노래 칭찬하는 법

· 어느 부분을 잘했는지 구체적으로 칭찬한다.

· 상대가 노래 부르기 쉽도록 마이크나 화면 등을 준비한다.

· 상대방 세대의 노래를 한 곡 넣는다.

SALES TALK

노래에 푹 빠져들었습니다. 저음이 너무 멋지시네요.

C 분위기를 띄우는 방법

일단 모두가 나서지 않을 때 자신이 먼저 부르도록 한다. 상대가 노래할 때 장단을 맞추면 흥겨워진다. 자신만 부르는 것도 잘못된 것이지만, 자기 혼자 뒤로 물러나 있어서도 안 된다. 오히려 흥을 깨는 일도 생긴다.

Hot Button

- 상대가 부를 노래는 부르지 않는다.
  (사전에 조사해 두는 것이 좋다.)
- 노래 외의 이야기를 시작했을 때는 노래하는 것을 무리하게 강요하지 않는다.
- 상대가 부르는 노래를 조용히 감상하는 것이 가장 좋은 매너이다.
- 한 곡 부른 후 10분 정도 침묵하는 것도 좋다.

여자 나오는 술집에서의 매너

자기만 인기 있으면 진상된다

2차로 안내하는 자리는 단순하게 1차의 연장이 되거나 다시 술만 마시는 자리가 되지 않도록 주의해야 한다. 분명 상대에게 "좀 더 마시지 않겠습니까?"라고 권했지만 1차와 똑같은 분위기라면 모처럼 2차까지 진행된 자리가 그다지 즐겁지 않을 것이다.

따라서 보통 2차로 가는 업소는 20대의 호스티스가 많은 룸살롱과 30대 전후의 베테랑 종업원이 주인인 스탠드바나 나이트클럽으로 나눌 수 있다. 노는 데 익숙한 사람이면 젊은 종업원들과 어울려 춤추고 노래 부르게 분위기를 유도하고, 노는 데 서툰 사람이라면 그 방면에 베테랑인 원숙한 마담이 부드러운 대화로 시간을 이끌어 가는 것이 2차 접대의 비결이다. 단, 단골 클럽이나 룸살롱에 갔을 때 너무 익숙한 나머지 평소처럼 행동하는 등 '접대'라는 기본을 잊어버리지 않도록 주의하자. 자주 다니던 단골 술집이라도 접대로 가는 경우에는 평소와는 다르다는 점을 잊지 않도록 한다.

여자 나오는 술집에서의 매너

A 미리 예약한다

고객이 평소 가는 분위기와 다른 곳으로 안내해서 새로운 체험을 하게 한다. 접대 전에 미리 참가 인원수, 고객 성격, 예산, 팁 지불 방법을 확인하고 자리를 잡도록 한다. 예약을 하지 않고 갑자기 가면 마음에 들지 않는 룸을 배정받을 수 있다. 자신이 잘 알고 있는 업소를 선택해서 애써 접대한 고객에게 실례되지 않도록 준비한다. 예약할 때 접대임을 알려서 고객 중심의 화제로 서비스하도록 한다.

B 자기만 인기 있어선 안 된다

단골업소에서 고객 옆에 앉아 있는 낯익은 호스티스에게 관심을 보여서 고객을 어색하게 한다든가 자기 혼자 좌중의 화제를 독점하는 등 무례한 행동을 하지 않는다.

C 먼저 술에 취하지 않는다

고객보다 먼저 취하는 추태를 보이지 않는다. 1차 자리에서 이미 과음한 상태로 2차 접대를 할 때는 행동에 더욱 조심해야 한다. 2차 접대가 예상될 경우에는 1차에서 술을 적당히 마시는 것이 요령이다.

D 접대하는 자리라는 사실을 명심한다

술이 과하면 혼자 기분이 좋아져서 접대라는 본분을 망각하게 된다. 이쯤 되면 '친해졌겠지.'라는 착각에서 공과 사를 구별 못하고 고객에게 '야! 자!' 하는 실수를 한다. 술이 들어가면 누구나 쉽게 긴장이 풀린다. 좋은 분위기를 지속하려면 슬기롭게 접대를 진행하는 요령이 필요하다.

Hot Button

분쟁 발생 시 대처하는 능력
고객에 따라서 여러 스타일의 주사가 있다. 취해서 주위 손님에게 시비를 걸거나 호스티스와 지나친 접촉으로 언쟁이 생기는 경우도 있다. 그때마다 현명하게 대처하는 요령은 접대자의 능력이다.

조심하세요!

고객에게 접대를 받게 되었을 경우

내가 아닌 회사가
접대받는 것이다

때론 고객에게 접대를 받는 경우도 있다. 접대하기 위해서 초대했을 때도 2차는 상대방이 내겠다고 하는 경우도 있을 것이다. 이런 때 주의할 것은 분명히 상대가 계산할 거라고 알고 있어도 자신이 내겠다는 의사를 보여 주어야 한다는 점이다. 자리에서 일어날 때 자신이 계산서를 집으려고 한다든지 혹은 지갑에서 카드를 꺼내는 시늉 정도는 내도록 한다. 상대방이 계산하는 것이 당연하다는 태도로 있어서는 절대로 안 된다. 그렇다고 계산서를 서로 가져가려고 밀고 당기는 것은 꼴불견이므로 일부러 그러는 것 같은 행동은 삼간다.

상대방이 계산하는 것이 확실하면 제대로 감사 인사를 한다. 쑥스럽다는 이유 등으로 대충 인사를 얼버무리는 사람이 있는데, 감사 인사말은 확실히 전하도록 한다. 상대방이 정산하는 자리에서는 멀찌감치 떨어져서 상대가 영수증 받는 모습을 보지 않는 것이 예의이다. 접대를 받은 다음날에는 반드시 전화나 메일로 고마운 마음을 표현한다. 될 수 있으면 메일을 이용해서 다른 사람에게는 알려지지 않도록 배려하자.

고객에게 접대를 받게 되었을 경우

A 낼 의사를 보인다

자신이 먼저 계산서를 집어 들고 지갑을 열어 계산할 의지를 보인다. 이때 상대가 "이번엔 제가 계산하겠습니다."라고 말하면 일단 몇 번이고 사양하고 나서 감사의 마음을 담아 천천히 깊게 머리를 숙인다.

> **SALES TALK**
>
> 그렇습니까? 정 그러시면 이번에는 염치불구하고 신세 지겠습니다.

B 정산이 끝날 때까지

계산하는 자리에서 멀리 떨어져 있도록 한다. 상대가 영수증을 받는 곳 가까이에 있지 않는 것이 예의이다.

C 감사 메일을 쓴다

다음날 아침 제일 먼저 무엇이 맛있었고, 무엇에 감동받았는지를 구체적으로 써서 이메일로 감사 인사를 한다. 설령 법인 카드로 결제한 경우라도 감사 인사를 하도록 한다. 상사의 지시에 따른 접대였다면 다음번 미팅에서 상사에게 잊지 말고 감사 인사를 건넨다.

SALES MAIL

> 어제 대접해 주신 맛있는 식사 덕분에 아직도 배부른 것 같습니다. 좋은 분위기로 즐거운 시간을 갖게 해 주셔서 다시 한 번 감사 드립니다.

D 사과의 접대를 받는 경우

사과를 위해 준비된 자리에서는 굳이 사과받을 일을 언급하지 않도록 한다. 접대하는 상대가 그 화제를 꺼내더라도 상대를 비난하지 말고 온화하게 대응한다. 상대의 기분을 잘 헤아려서 비즈니스 접대 자리가 즐거워지도록 신경 쓰자.

Hot Button

약속시간 5분 전이군.

약속시간 정각에 간다

비즈니스 접대를 받을 때에는 정각에 도착하도록 하자. 상대보다 먼저 나와 있으면 접대하는 쪽이 면목없어지므로 너무 일찍 도착하지 않도록 배려한다.

상사와 같이 접대를 받을 경우

난 그저 상사의
보조일 뿐이다

때로는 상사와 같이 접대를 받는 경우도 있을 것이다. 그때 더욱 신경 써야 하는 것은 자신의 위치를 망각해서는 안 된다는 사실이다. 상사와 함께 간 당신은 동석자에 지나지 않는다는 점을 명심해야 한다. 상대 측에서는 당신의 상사와 똑같이 취급해 주겠지만, 그 분위기에 업되면 안 된다. 오히려 자신이 접대를 하고 있다는 의식을 갖고 상대방 쪽 참석자 중 자신과 같은 직급의 사람과 함께 행동하자. 또 접대하는 쪽에 자신보다 직급이 낮은 사람이 있다고 해도 그 사람을 자신의 부하 직원처럼 대하는 것은 절대 안 된다. 직책 등에 의한 상하관계는 어디까지나 자사 내에서만 통용되는 것임을 잊지 말자.

상대는 술과 요리를 권하겠지만 마시거나 먹을 때는 적절히 조절해서 먹는다. 또 조절해야 하는 것은 대화도 마찬가지이다. 상사와 상대방과의 대화는 제대로 듣고, 끄덕이고, 가볍게 맞장구를 쳐주는 정도면 충분하다. 너무 나서서 대화 중에 끼어들거나 발언하지 않도록 한다. 그 자리의 중심은 상사와 상대방 키 맨인 점을 잊어서는 안 된다.

상사와 같이 접대를 받을 경우

A 상사의 보좌역이다

상사와 동행하는 경우에는 상사를 올려주고 소극적인 태도로 임한다. 그렇다고 해서 상사한테 붙어가는 것뿐이라는 가벼운 마음으로 참석해서는 안 된다. 접대 자리에서는 상사의 보좌역에 충실하며 대화에 맞장구를 치면서 확실히 귀를 기울이도록 한다. 상사와 동반했다고 해도 상대방은 당신을 개인이 아니라 '회사 대표'로 보고 있다는 점을 잊지 말고, 건방진 태도를 보인다거나 개인적인 요구를 하는 일은 절대 있어서는 안 된다.

SALES TALK

저희 부장님은 스타일도 좋으셔서 여직원들에게도 인기가 엄청나게 많으십니다.

Check Point

- [ ] 중간에 자리를 뜨지 않는다. 중간에 자리를 뜨는 것은 상대방 키 맨과 자신의 상사가 비즈니스 이야기를 시작한 직후에 가능하다.
- [ ] 고객의 이야기를 부정하거나 왈가왈부하지 않는다.
- [ ] 맞장구는 치고, 자신의 의견은 말하지 않는다.
- [ ] 비슷한 또래의 사람과 이야기하는 것은 피하고, 고객의 이야기에 귀 기울이고, 공부가 되는 내용은 메모하는 자세를 취한다.
- [ ] 접대받는 자리에서는 권유를 받더라도 자신이 좋아하는 것을 주문하지 않는다.
- [ ] 접대의 주인공이 아닌 만큼, 술을 따르거나 요리나 개인 접시 챙기기 등에 신경을 쓴다.

Hot Button

하품은 금물

같이 접대에 참가한다는 것은 화제에 끼어들기도 어렵고, 발언할 기회도 적기 때문에 졸릴 가능성이 높다. 그렇다고 해서 상대에게 하품하고 있는 모습을 보인다는 것은 최악이다. 술을 따르거나 요리를 더는 등 가능한 한 몸을 움직여서 잠을 쫓도록 한다.

골프 접대 매너 ① 준비

부킹부터 세심한 배려를 해야 한다

최근에는 골프가 대중적인 스포츠로 자리매김되면서, 접대 도구로 더욱더 인기를 끌고 있다. 골프 접대가 좋은 점은 5시간 이상 함께 라운딩하기 때문에 오랜 시간 대화를 나눌 수 있다는 점이다. 가족 이야기에서부터 업계 동향에 이르기까지 다양한 주제로 대화를 나누다 보면 한결 가까워지는 것을 느낄 수 있다. 물론 마음만 먹으면 진지한 사업 이야기도 나눌 수 있다.

다만 주의할 것은 골프 접대도 어디까지나 '접대'이다. 즉 고객의 기분을 좋게 만들어야 하는 것이 당연한 자리이다. 성공적인 접대가 되기 위해서는 역시 사전 조사와 준비가 중요해진다. 평소 고객과의 대화 속에서 골프에 관한 정보를 체크해 두는 것이 중요하다. 핸디캡만이 아니라 골프에 대한 생각, 조예도 들어 두면 좋을 것이다. 좋아하는 선수가 누구인지 알아내면 그 사람의 다양한 에피소드에 대해 조사해서 고객이 경기 중에 비슷한 상황에 처했을 때 비유하면서 자연스럽게 이야기하면 고객도 라운딩을 즐길 수 있을 것이다.

골프 접대 매너 ① 준비

A 코스 선정을 배려한다

상대의 핸디캡이랑 구력을 확인해 두고, 상대가 즐길 수 있도록 실력에 맞는 코스를 선택한다. 상대가 프로급이면 상대의 실력에 맞는 어려운 코스를 택한다. 상대가 초보일 때는 좋은 스코어가 나오는 코스나 골프 연습장이 있는 곳을 택한다.

B 상대방이 편한 시간을 선택한다

골프 접대 상대의 사정을 고려해서 장소를 선택한다. 이동에 장시간 소요되는 점을 생각해서 예약 시간을 잡는다. 주말에는 일반 주중 회원권은 물론이고 정회원권으로도 제때 부킹이 어려운 것이 현실이다. 미리 예약을 확인해 둔다.

부장님, 다음 주말에 OO 골프장 O시 O분 티업으로 부킹해 놓았습니다.

C 상대방의 개인적 사정을 고려한다

접대 상대가 승용차를 이용하지 않을 수도 있다. 따라서 골프채 세트를 전날 자택에서 골프장까지 미리 보내는 일도 있다. 상대가 골프장으로 가는 도중의 교통 혼잡을 피한다거나 공직자라면 남의 이목을 피해 이동할 때 편리하다. 어떤 경우든 상대방의 상황에 따라서 스케줄을 잡는다.

부장님, 그날 어떻게 움직이는 게 편하시겠습니까?

Hot Button

조 편성은 참가자 레벨별로
같은 레벨의 사람들끼리 한 조가 되어 플레이할 때가 가장 즐겁다. 따라서 팀 구성은 참가자가 같은 레벨이거나 1랭크 아래 정도끼리 라운딩하도록 편성한다.

골프 접대 매너 ② 골프 중, 골프 후

승부욕을
불태우지 마라

골프 접대에서 어려운 점은 어떻게 하면 상대가 자연스럽게 이기도록 할 수 있느냐이다. 그렇다고 해서 상대방에게 일부러 져주려고 해서는 안 된다. 그런 경우에는 공정한 게임이 될 수 없으므로 오히려 상대방의 자존심을 상하게 할 수도 있다. 원래 이길 수 있는데 아슬아슬하게 지는 정도가 베스트이다. 그렇게 미묘하게 져주는 방법을 쓰려면 그 나름의 실력이 있어야 한다. 골프는 어느 정도 실력이 없으면 접대는커녕 오히려 폐가 되기도 하므로 상대방 수준에 도달할 때까지는 골프 접대를 피하도록 한다. 접대를 위해 골프 연습까지 할 필요는 없지만, 관심이 있다면 평소에 실력을 닦아 놓는 쪽이 좋다.

접대 골프를 칠 때는 게임 룰을 자신에게는 엄격하게 적용하고 상대에게는 여유롭게 적용한다. 또한 상대와 한 게임 즐긴다는 기분으로 유쾌하면서도 정중하게 게임에 임해야지 괜한 승부욕을 불태울 필요는 없다. 간간이 상대가 실수를 하면 격려도 해 주고, 멋진 플레이를 했을 때는 상대의 실력을 칭찬하는 멘트를 아끼지 말아야 한다.

골프 접대 매너 ② 골프 중, 골프 후

A 플레이 매너

· 고객의 볼 행방을 놓치지 않는다.

· 자신의 볼은 달려가서 먼저 찾는다.

· 필드의 잔디를 상하지 않게 조심한다.

· 플레이에 들어가기 전이나 플레이 도중에 소리를 내거나 과대 모션을 취하지 않는다.

· 앞 팀의 골퍼가 볼이 닿을 만한 위치에 있을 때에는 플레이를 중지한다.

· 해저드에 빠진 볼을 찾는 데 시간이 걸릴 때나 문제 발생 시에는 다음 팀에게 순서를 양보하는 것이 예의다.

· 비즈니스 모임의 성격이 강한 라운딩에서 휴대전화 사용은 자제한다.

B 상대의 쇼트 게임을 칭찬한다

지나치게 아부할 필요는 없지만 멋진 플레이는 솔직한 마음으로 타이밍에 맞춰 찬사를 보낸다. 캐디에게도 접대임을 알려서 함께 분위기를 띄우도록 하자.

SALES TALK
> 오늘 게임이 잘 풀리시는 것 같습니다.

SALES TALK
> 폼이 잠시 흔들렸나 봅니다. 가끔 프로들도 실수를 하니까요.

C 상품을 준비한다

회사 간이나 거래처 간 단체 게임은 대회 형식에 맞춘 트로피를 준비하는 것도 접대 효과를 높인다. 상품을 준비하는 것도 플레이에 흥미를 돋우는 방법이다. 상대의 중요도에 따라서 상품권 혹은 여행권 등도 좋다. 클럽하우스에서 고객이 관심을 보인 것을 돌아갈 때 차 안에 골프백과 함께 넣는다.

Hot Button

캐디에게는
캐디를 골프의 동반자로 상대하라. 접대 골프일 때는 '접대 골프'라는 것을 캐디에게 알려 초대자 중심으로 진행해 달라고 부탁한다. 특히 접대 상대가 초보일 경우 더욱 세심한 배려가 필요하다.

스포츠 관전, 관람의 매너

술보다 기억에
남을 수 있다

접대를 반드시 술자리만으로 제한할 이유는 없다. 스포츠를 좋아하는 사람이라면 야구나 축구, 골프 등의 관전 티켓도 적절하다. 또 음악회, 뮤지컬, 연극, 전람회, 콘서트 등의 티켓을 상대의 취향에 따라 선물하는 것도 좋다. 특히 상대가 특정 팀이나 선수, 아티스트의 팬이라면 상당히 기뻐할 것이다. 누구나 하는 익숙한 술자리 접대보다도 그 효과는 훨씬 클지도 모른다.

주의할 점도 많다. 상대가 특정 팀의 팬인 경우 평소보다 나쁜 자리거나 상대 팀 응원석 자리에 앉게 된다면 모처럼의 접대 효과가 반감될 뿐만 아니라 역효과가 날 수도 있다. 티켓 입수가 어려운 경기나 콘서트에 초대할 수 있다면 상대의 감동도 더욱 커지니 기대에 어긋나지 않도록 티켓을 확실하게 확보하고 나서 이야기하도록 한다. 이때 티켓을 넉넉하게 준비해 상대의 상사나 가족 등에게도 권할 수 있게 하면 생색을 낼 수도 있을 것이다. 이것 역시 상당히 효과적일 수 있다.

스포츠 관전, 관람의 매너

A 뮤지컬, 공연 접대의 포인트

접대 상대의 문화적인 수준과 취미를 알아내서 유명 뮤지컬이나 콘서트 등의 티켓을 선물하면 효과를 본다. 뮤지컬 관람료는 비싼 편이지만 중저가인 연극도 있고, 콘서트는 적절한 가격대의 라이브 공연도 많다.

Check Point

☐ 희소가치가 있는 티켓을 구해 선물한다. 또한 세계적 명성의 뮤지컬이나 톱스타의 호텔 디너쇼 등의 티켓은 효과가 높다.

☐ 상대가 어떤 분야에 흥미가 있는지 미리 파악해 둔다.

☐ 이왕이면 A급 좌석의 티켓을 준비한다. 반드시 티켓을 2매 이상 준비한다(미리 상대방에게 시간이 좋은 날을 확인해 둔다).

☐ 상대가 편한 시간에 좋은 사람과 관람할 수 있게 동행을 사양한다.

☐ 쉬는 시간을 이용해 상대방 취향에 맞는 음료수 등을 준비한다.

B 스포츠 접대 포인트

일반 스포츠로는 프로야구, 프로축구, 프로골프 대회, 테니스, 프로농구 등 다양하지만, 상대방 취향에 따라서는 국제 대회급 입장권도 인기가 있다. 스포츠 경기는 접대자와 함께 관람하는 것이 원칙이지만 초대권을 선물하는 쪽이 오히려 효과적이다. 상대의 스포츠 취향을 알아내 빅게임의 티켓을 선물하는 것이 요령이다.

Check Point

- ☐ 가능한 한 티켓은 특등석으로 준비한다.
- ☐ 귀가 교통편까지 고려한다.
- ☐ 관전 사실을 미팅에서는 화제로 삼지 않는다.

Hot Button

가볍게 할 수 있는 런치 접대 추천

점심 식사 접대는 저녁보다 가볍게 보이기 쉽지만, 시간도 오래 걸리지 않고 비용 부담도 적기 때문에 접대를 받는 쪽에서도 부담을 느끼지 않고 가볍게 응할 수 있다. 런치 접대는 많은 인원이 왁자지껄하게 모이는 것보다 개인 간 친교를 깊게 하거나 상담할 때 적합하다.

저희가 자주 가는 곳인데 음식이 맛있어요.

Sales
Image
Tuning

Trouble Technique >>>

약속에 늦었을 때, 약속을 잊었을 때

일단 사과가 먼저다

약속 시각에 늦었을 때 첫 번째 원칙은 상황이 어떻든 일단 사과부터 하는 것이다. 상대가 화를 내든 아니든 일단 첫마디는 사과의 말이어야 한다. 두 번째 원칙은 변명하지 않을 것. 설령 어떤 이유가 있었든지 간에 고객에게 폐를 끼쳤다는 사실에는 변함이 없기 때문이다. 상황을 설명하는 것도 변명에 포함된다. 특히 영업사원이라면 고객과의 약속은 무엇보다 우선시해야 할 것이다. 미팅 약속을 잡았다면 천재지변이 일어나지 않는 한 그 약속을 지킬 수 있도록 다양한 상황을 고려해서 준비하고 행동하지 않으면 안 된다.

지각한 변명으로 자주 사용하는 지하철 연착이나 도로 정체 등은 설사 그것이 사실이라고 해도 그것마저 고려하지 못한 당신에게 마이너스 점수가 된다고 생각해야 한다. 하물며 약속을 잊었을 때에는 변명의 여지가 없다. 잊은 것을 알게 된 시점에 바로 그 자리에서 상대에게 연락해서 사과를 하고, 동시에 자신의 상사에게도 보고한다. 고객과의 약속을 잊는 것은 영업사원으로서 최악의 실수이다. 중요한 고객이라면 그날 안에 직접 방문하여 사과하도록 한다.

약속에 늦었을 때, 약속을 잊었을 때

A 약속에 늦었을 때

우선 늦을 것 같을 때에는 방문 전에 연락하도록 한다. 또다시 늦는 일이 없도록 도착 예정 시각보다 5분 늦게 도착한다고 전한다. 역에서는 숨이 끊길 정도로 달려간다. 도착하면 숨을 고르면서 접수처에 용건을 전한다. 미팅을 마치고 돌아갈 때에도 반드시 한 번 더 사과한다.

· 반드시 사전에 전화 연락을 한다.

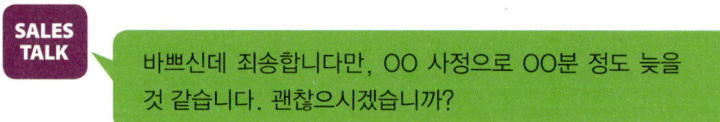

SALES TALK 바쁘신데 죄송합니다만, ○○ 사정으로 ○○분 정도 늦을 것 같습니다. 괜찮으시겠습니까?

· 지각의 사유를 물으면 솔직하게 설명하고, 그에 더해서 반성의 자세를 강조한다.

SALES TALK
> 아무리 상황이 그랬어도 이것은 제 판단 미스입니다.
> 죄송합니다.

· 돌아갈 때 한 번 더 사과의 말을 전한다.

SALES TALK
> 오늘 바쁘신 중에 약속 시간에 늦어서 정말 죄송했습니다.
> 앞으로도 잘 부탁드립니다.

▶ 도착해서 담당자와 만났을 때 여전히 숨을 헐떡이는 것이 효과적이다.

B 약속을 잊어버렸을 때

약속을 잊은 것이 생각나면 바로 지체하지 말고 사과하고, 사죄하러 찾아뵐 약속을 한다. 이때 절대로 잊은 척은 하지 말고 어떠한 변명도 하지 않는다.

Hot Button

상대방이 화가 나서 "이제 그만 됐습니다."라고 말할 때는 집요하게 굴지 말고 일단 전화를 끊는다. 상사에게 상담하고 나서 방문하도록 한다. 약간의 시간을 두면 이쪽의 성의도 전달하기 쉽다.

> 스피드가 중요하다. 당일 안에 사과하지 않으면 상대방은 진심이 아니라고 생각해 버린다.

클레임 응대

이야기를 끊지
마란 말이다

클레임 전화를 받았을 때 첫마디는 반드시 "죄송합니다." 이어야 한다. 왜냐하면 연유야 어떻든 상대는 자사에 대해 화를 내고 있기 때문이다. 그 상태로 제아무리 설명하든 변명하든 상대의 마음이 풀리는 것은 아니다. 도리어 불에 기름을 붓는 격이 될 수 있다. 우선은 사죄하고 일단 상대 이야기의 요지를 끊지 말고 듣는다는 자세가 중요하다. 또 최근 늘고 있는 것이 메일을 통한 클레임이다. 그 경우에는 24시간 이내에 불쾌한 경험을 하게 한 것에 대해서 사죄의 문장을 포함한 수신 확인 메일을 보낸다. 메일로 주고받기는 자신의 의도와는 무관하게 상당히 차갑고 거만한 인상을 주기 쉽기 때문에 전화나 방문으로 바꾸는 편이 좋다.

클레임은 자신에 대해서 개인 공격을 하는 것이 아니라 회사로서의 대응을 요구하는 것이므로 필요 이상으로 두려워할 필요는 없다. 클레임 대응은 상대와 담당자 자신이 함께 해결책을 찾아가는 작업이라고 인식하자. 클레임 단계에서 당황하지 않고 신속하고 적절하게 대응할 수 있으면, 트러블이나 불상사로 발전하는 일을 막을 수 있다.

클레임 응대

A 말하는 것을 잘 들을 것

클레임 대응의 포인트는 '듣는 것'에 있다. 책임 소재에도 불구하고 자사에 대해 분노의 전화를 걸어오는 고객에게 냉정함을 찾게 하기 위해서는 우선 말하는 모든 얘기를 다 들어 주는 것이다. 도중에 끊거나 반론해서는 안 된다. 상대가 대응을 요구해 왔을 때에는 자기 선에서 완결 짓지 말고, 회사 차원에서 검토하고 답해 드리겠다고 전한다.

SALES TALK

> 말씀 잘 들었습니다. 저희 회사에서 검토한 후
> 빠른 답변을 드리겠습니다.

B 흥분이 가라앉으면 질문한다

상대가 어느 정도 차분해지면 이쪽이 궁금한 점을 질문하고, 사실 확인이나 상황 파악을 진행한다. 질문에 따라서는 상대가 말한 내용의 반복이 되기 때문에 제대로 들었다는 점을 상대에게 전달하는 질문이 되도록 한다.

SALES TALK
아까 이렇게 말씀하셨는데, 이걸로 괜찮겠습니까?

C 정중한 대응이 열쇠

전화를 끊을 때에는 언제까지 연락할지 명확하게 전할 필요가 있다. 상대에 따라서는 중대한 사항인 만큼 전화를 끊으면 바로 회사에서 대응을 시작해 10분 후에는 전화가 올 것이라고 기대할 수도 있기 때문이다.

SALES TALK
오늘 5시까지, 도중 경과 보고가 될지도 모르겠지만
연락을 드리도록 하겠습니다.

Hot Button

어떻게 해결할 겁니까?

상대가 클레임을 표명한 것에 감사한다. 클레임 응대는 클레임하는 사람들의 불쾌한 감정을 없애는 것이 목적이다. 마지막 인상이 좋아지면 '느낌이 좋았으니까 한 번 더 사 볼까?'라는 마음도 드는 법이다. 클레임 고객이 충성 고객이 될 가능성이 높다는 사실을 명심하자.

사과 방법

진심만이 살길이다

보통 영업사원은 고객 상담이 주 업무이기 때문에 실제로 물건을 운반하는 일은 하지 않는 경우가 대부분이다. 영업과 유통이 분리된 경우가 많기 때문에 영업사원에게는 '납품'에 대한 의식이 희미한 것 같다. 그러나 고객의 입장에서 생각해 보면 판매 상담의 최종 목적은 그 상품을 무사히 손에 넣는 것이다. 다시 말해 납품이야말로 고객에게는 가장 중요한 요소이다. 이 인식의 차이를 이해하지 못해서 납기에 늦었을 경우 대응이 뒤로 밀려 트러블로 발전해 버리는 사례를 종종 볼 수 있다.

납기가 늦어질 것이 예상될 때는 먼저 고객에게 바로 보고한다. 납기가 지체되면 가장 영향을 받는 것은 고객이기 때문이다. 고객도 지체되는 것을 사전에 알고 있으면 영향을 최소화하기 위한 대응이 가능한 경우도 있다. 동시에 각 방면에 지원을 요청하고 지체를 어떻게든 피할 방법이 없는지 최대한 노력하고, 대응이 예측되는 시점에서 다시 고객에게 상황을 알린다. 납기가 늦어질 때에만 처리하는 것이 아니라 트러블이 발생할 때는 항상 이 점을 염두에 두어야 한다.

사과 방법

A 실수해서 고객에게 혼나면

바로 사죄한다

자신의 실수로 폐를 끼쳤다는 인식을 하고 진심으로 사죄한다. 쌍방에 잘못이 있더라도 우선 자신부터 사과하는 것이 기본이다.

신속하게 적절한 대응을 한다

지금 바로 OO하게 처리하겠습니다.

자신이 처리할 수 있는 실수는 바로 조치한다. 혼자 처리하기에 무리라면 상사에게 의논하고 적절한 대처 방법을 묻도록 하자. 자신이 처리했다고 해도 상사에게 보고하는 것을 잊어서는 안 된다.

정중하게 배웅한다

SALES TALK 앞으로도 부디 잘 부탁드리겠습니다.

자신의 실수로 중요한 고객을 잃는 일이 있어서는 안 된다. 고객에게는 재차 사과하고, 앞으로도 관계를 지속하고 싶다는 의지를 전달한다.

B 클레임 대응 후

먼저 문제 사항에 대한 해결책을 실행하는 것이 최우선이다. 문제 해결 후에는 경위서를 제출한다. 실수는 타인에게 알리고 싶지 않겠지만 실수의 원인과 선후책 공유를 위해서, 또 클레임 상대로부터의 연락에 자신 외의 사람도 대응할 수 있도록 경위는 같은 부서 동료들에게도 전해 둔다.

Hot Button

고객의 노여움이 가라앉지 않을 때
어떻게 해도 도저히 사과를 받아 주지 않을 때는 상황을 바꾸는 것이 효과적인 경우도 있다. 그럴 때는 사과하는 사람을 바꾸거나 상대의 자택에 찾아가서 사죄하는 등의 성의를 보이며 재차 사과한다. 시간이 흐르면 고객의 감정이 진정될 수도 있다.

메일을 잘못 보냈을 경우

사과 메일은
즉시 보내야 한다

연락하는 타이밍을 고려하지 않아도 되고, 주고받은 기록이 명확하게 남고, 한 번에 여러 사람에게 연락할 수 있는 등 많은 이점을 가지고 있기 때문에 비즈니스에서 메일은 중요한 툴이다. 하지만 비즈니스에서 사용한 역사가 짧은 탓에 룰이나 매너가 확립되지 않은 면도 있다. 상사의 의견에 대해서 겸허하게 이의 제기를 할 경우, 만나서 얘기하면 간단히 통할 내용이라도 메일로는 오해를 초래할 위험이 높으니 주의해야 한다.

이처럼 아무리 편리해도 메일로는 실례가 되는 용건도 있기 때문에 주의가 필요하다. 메일로 끝내도 되는 것은 연락 사항, 전달, 보고, 간단한 인사나 감사 인사와 같은 전화나 팩스로도 대신할 수 있는 내용이어야 한다. 클레임과 관련된 내용을 메일로 주고받는 것은 트러블을 깊게 하는 원인이 되기 쉬우므로 피하는 것이 좋다. 또 메일을 잘못 보냈을 경우에도 초기 대응을 어떻게 하느냐에 따라 결과가 크게 달라져 버린다. 손쉽고 편리한 툴인 만큼 상대에 대한 배려와 사용법에도 주의를 기울이도록 하자.

메일을 잘못 보냈을 경우

A 다른 사람에게 보낸 것을 알았을 때

메일을 잘못 발송했다면 깨달은 즉시 사과 메일을 보낸다.

OOO님께 O월 O일 O시에 이메일을 발송했습니다만, 그 메일은 저희 쪽 착오로 잘못 발송되었습니다. 번거롭게 해드려 대단히 죄송합니다만, 수신하신 메일을 삭제해 주시기 바랍니다.

실수로 발송한 메일 상대가 원래 보내려던 사람과 관계가 없는 경우에는 바로 전화를 걸어 사과하고 신속하게 삭제를 요청한다.

메일을 잘못 발송했습니다. 실례인 줄 알지만 폐기를 부탁드립니다. 번거롭게 해드려 대단히 죄송합니다.

업무상 관련이 있는 사람이라면 더욱 정중하게 사과를 하고, 내용 폐기 부탁 후에 다시 한 번 사과 메일을 보내서 실수를 마무리 짓도록 한다.

SALES MAIL

앞으로는 두 번 다시 이런 일이 발생하지 않도록 주의하겠습니다.

B 참조나 숨은 참조는 활용하지 않는다

한 번에 많은 사람에게 같은 메일을 보내는 참조와 숨은 참조 기능. 참조는 누구에게 보냈는지 그 주소가 전원에게 공개되지만, 숨은 참조는 다른 사람에게 송신했다는 사실을 알 수 없다. 편리한 기능이지만 개인 정보 보호의 차원에서 참조를 이용할 때는 세심한 주의가 필요하다. 메일 주소도 개인 정보이므로 무단으로 제3자에게 알리는 것은 매너에 어긋난다.

Hot Button

도대체 일을 어떻게 처리한 건가?

죄송합니다. 빨리 조치를 취하겠습니다.

보내서는 안 될 것을 보내 버렸을 경우
개인 정보나 비밀 정보 등 유출해서는 안 되는 것을 보내 버렸을 경우, 또 보내서는 안 되는 키 맨에게 보내 버렸다면 개인적으로 처리할 것이 아니라 조직에서 선후 대책을 마련하는 등 회사로서 대응한다.

미팅 중 느닷없이 컨디션이 나빠졌을 때

참을 만큼은
참아야 하느니라

점심 식사로 먹은 것이 탈이 났는지 미팅 중에 배가 계속 아파온다. 시간이 지나면 웃고 얘기할 수 있는 에피소드가 되겠지만 당시에는 난감할 것이다. 그렇다고 무리해서 참고 있다간 미팅 내용에 집중할 수 없을 것이고, 안절부절못하는 태도를 보이면 상대방에게도 큰 실례가 된다.

만약 미팅 전에 신호가 왔다면 다소 늦게 되더라도 먼저 볼일을 봐 두는 대책을 취하자. 물론 늦을 때는 상대방에게 연락하는 것을 잊지 말도록 한다. 감기 탓에 기침이 심한 경우에는 최소한 마스크라도 하는 것이 방법이다. 그러나 설령 마스크를 하고 있어도 상대의 눈앞에서 콜록콜록 괴로운 듯이 기침을 하거나 줄줄 콧물을 흘리거나 해서는 미팅에 집중할 수 없고, 상황에 따라서는 불쾌하게 느껴지는 법이다. 잠깐이나마 증세의 억제가 가능한 약을 처방받든지, 상대방에게 상황을 설명하고 미팅을 연기하든지, 상사나 동료에게 대리 참석을 부탁하든지 대책을 세워야 할 것이다.

미팅 중 느닷없이 컨디션이 나빠졌을 때

A 미팅 중 갑자기 화장실에 가고 싶어졌다

· 컨디션이 나빠졌어도 상대가 이야기하고 있는 중에는 이야기를 끊지 않고 참는다.

· 이쪽에서 이야기할 순서가 되면 우선 상대의 얘기에 관한 맞장구를 친다. 그러고 나서 재빠르게 화장실에 다녀오겠다고 청한다.

SALES TALK

아, 그렇군요. 그런 것이었군요.
죄송합니다만, 잠시 화장실에 다녀와도 되겠습니까?

B 감기에 걸렸을 경우

· 약간 열이 있는 것은 참는다. 마스크를 하거나 콧물을 흘리면서 방문

하는 것은 상대방에게는 폐가 된다. 상사나 동료에게 대행을 부탁하는 것도 좋은 방법이다.

· 어쩔 수 없이 직접 미팅을 해야 할 경우에는 사정을 얘기하고 약간 떨어져 거리를 두고 앉아서 상담한다.

SALES TALK

> 죄송합니다만, 제가 기침이 좀 심해서요. 조금 떨어져 앉아 이야기하는 것이 좋을 것 같은데, 양해 부탁드립니다.

C 사과 메일을 보낸다

상황이 어떻든 미팅 중간에 자리를 뜨는 것은 안 될 일이다. 미팅 중에 실례를 범했다면 그날 바로 사과 메일을 보내도록 한다.

Hot Button

건강을 관리하자!
자신의 능력을 살리기 위해서는 우선 건강한 것이 무엇보다 중요하다. 건강에 관해 스스로를 과신하고 있으면 무심코 실수를 하거나 중요한 때에 앓아눕거나 할지도 모른다. 사전에 컨디션 관리와 대책에는 긴장을 늦추지 않는 것이 프로 세일즈맨의 자세이다.

Sales
Image
Tuning

Occasion Technique >>>

다른 업종 간의 교류

이럴 때 영업하면 하수다

다양한 업종의 사람들이 모이는 자리에서 그 모임에 참가한 것을 계기로 비즈니스의 범위가 넓어진다면 그보다 좋은 것은 없을 것이다. 하지만 어떤 자리에서든 가장 우선시해야 할 것은 그 모임 본래의 목적이다. 만남을 거듭하는 동안 친해지고, 신뢰 관계가 쌓인 후에 "만약 이런 것도 도움이 된다면"이라고 얘기를 꺼내도록 한다. 친분과 신뢰감이 생기면 모임의 참가자 외의 소개도 기대할 수 있다. 만나자마자 처음부터 영업하는 태도를 보인다면 경계심을 갖게 할 뿐이다.

모임에서는 자신이 발언하기보다 상대의 이야기를 경청하는 쪽을 권하고 싶다. 업종이 다르면 발상의 방법이나 사고방식도 다르다. 그런 다양성에 의한 자극으로 비즈니스의 새로운 아이디어를 얻는 것도 다른 업종 간 교류 모임에 참가하는 중요한 목적이기 때문이다. 이때 주의할 점은 거기서 들은 이야기를 다른 장소에서 얘기해도 좋은지 나중에 발언자에게 피해 주는 일이 발생하지 않도록 미리 확인해 두라는 것이다.

다른 업종 간의 교류

A 모임에서의 주의사항

· 만나자마자 노골적인 영업 활동은 하지 않는다.

· 모임의 목적을 우선시한다.

· 참석을 못할 경우에는 반드시 연락한다. 업무가 늦어지는 등의 이유로
  빠지는 일이 자주 있는데, 그럴 때에도 일찌감치 연락을 하면 모임
  내에서 신용이 높아진다.

B 좀 더 친해지고 싶다

모임에서 알게 된 사람 중에 '저 사람과 좀 더 얘기해 보고 싶다.'라고
생각했다면 용기를 내서 식사나 차를 권해 본다. 상대가 이성이라면 단
둘이 만나는 것보다 한 명 더 같이 자리를 하는 쪽이 무난하다. 저녁에

식사를 한다거나 술을 함께 마신다거나 하는 만남은 친밀감이 형성되고 난 뒤에 한다.

> **SALES TALK**
>
> 제가 다음 주에 그쪽 사무실 근처에 갈 일이 있는데요. 괜찮으시다면 그때 같이 점심 식사를 하고 싶은데, 그날 시간이 어떠십니까?

C · 이후에도 계속 알고 지내고 싶다

상대방과 친밀해지고 나서 상대의 어떤 점이 훌륭했는지, 특히 스스로 알아채지 못한 장점 등을 제대로 전할 수 있다면 상대방에게 당신은 '메리트가 있는 사람'이 된다. 또 모임이 끝났다고 해도 기회가 있을 때마다 1~2개월에 한 번 정도 간단한 안부 인사나 메일 등을 주고받으며 평소에 연락이 끊기지 않도록 하는 일도 중요하다.

> **SALES TALK**
>
> OO 씨 덕분에 OO 프로젝트를 무척 즐겁게 할 수 있었습니다. 대단히 감사합니다.

Hot Button

모임에서 들은 이야기 중에는 직접적인 이해관계가 없는 타 업종이기에 편하게 말한 내용도 있을 수 있다. 따라서 이때 알게 된 정보는 외부에 누설하지 않는 것이 젠틀하다.

> 내가 아는 사람이 OO 회사에 있는데 말이야.

다른 업종 교류에서의 매너 – 입식파티

파티의 목적도
교류이다

처음 만나는 사람이나 보통은 접점이 없는 사람과도 서로 알게 될 수 있는 자리가 파티이다. 파티는 축하 목적으로 개최되는 경우가 대부분이기 때문에 무엇을 축하하기 위한 자리인지를 염두에 두고 언행에 유의해야 한다. 비즈니스 파티는 대개 스탠딩 뷔페 스타일이 많은데, 선 채로 먹는 최대의 목적은 많은 사람과 교류를 꾀하는 것이다. 따라서 비즈니스 파티에 참석하게 되었을 때는 먹지 않으면 손해라고 생각하면서 음식에만 집중해서는 안 된다. 요리나 음료는 대화를 북돋아 주는 역할일 뿐이다. 중요한 파티라면 가볍게 먹은 후 참석하는 것도 한 방법이다.

비즈니스 파티의 목적은 많은 사람과 알게 되는 것에 있다. 입구 부근과 벽 쪽에 놓여 있는 의자에 앉은 채로 꿈쩍도 않거나 아는 사람하고만 이야기하는 것은 에티켓이 아니다. 가능한 한 많은 사람과 명함 교환을 한다. 그래서 비즈니스 파티에 참석할 때에는 명함을 충분하게 준비해 간다. 명함을 교환할 때는 잔이나 접시를 테이블에 내려놓고 나서 한다. 잔이나 접시를 손에 든 채로 명함을 받는 것은 매너에 어긋난다.

다른 업종 교류에서의 매너 – 입식파티

A 스탠딩 파티의 기본

스탠딩 파티에서는 스스로 요리를 덜어 먹는 것이 규칙이다. 한 접시에 음식을 잔뜩 담는 것은 안 된다. 비슷한 요리를 2~3종씩 함께 담고, 다 먹고 나서 또 가지러 간다. 이야기에 오랫동안 열중해 있을 때는 상대를 배려하는 것으로 호감도를 올리자.

 SALES TALK 마실 것은 어떻습니까? 저쪽에 앉아서 얘기할까요?

대화에서 빠지고 싶을 때는 한마디 건네고 나서 자연스럽게 빠져나온다.

SALES TALK 잠깐 요리를 가져오겠습니다.

아는 사람뿐 아니라 적극적으로 여러 사람과 환담을 나눈다. 가까이에 있는 사람에게 먼저 말을 걸어 보자. 처음 만난 사람과 이야기할 때 무슨 말을 해야 좋을지 모르겠으면 명함 교환을 제의해 본다. 이야기가 고조되고 있는 중간에 끼어든다거나 하는 행동은 금물이다. 비즈니스 파티에서는 많은 사람과 명함을 교환하기 때문에 자신도 상대방도 인상이 희미해지기 십상이다. 추후에 다시 메일 등으로 명함 교환에 대한 인사를 하는 것도 좋다.

SALES TALK

처음 뵙겠습니다. 저는 컨설턴트로 일하고 있는 OOO이라고 합니다. 명함을 교환할 수 있을까요?

Hot Button

상사에게 가져와 달라는 부탁을 받았을 때에는 윗사람이나 상사가 부탁했을 때에는 "좋아하시는 요리를 잘 모르는데요."라며 거절하면 안 된다. 상사의 것부터 한 접시 가져다주고, 그 다음에 자신의 요리를 덜어 간다. 양손으로 접시를 운반하는 것은 보기에도 나쁘고, 누군가와 부딪칠 위험도 있으므로 삼간다.

부장님 것도 가져다 드려야지.

비즈니스 출장

출장은
여행이 아니다

출장은 여행이 아니라 어디까지나 업무의 연장이다. 출장이 결정되었다면 출장의 목적, 방문 회사의 정보 등을 사전에 정확히 파악하고 일정을 짜야 한다. 처음 방문하는 거래처라면 도착지에서 방문 회사까지 가는 방법이나 소요 시간을 확인해 둔다.

비즈니스 출장은 회사를 대표해 중요한 일을 하러 가는 것이기 때문에 출장 중의 이미지는 사무실에서의 이미지 이상으로 중요하다는 점을 항상 인식해야 한다. 평소 슈트를 자주 입는 세일즈맨에게 출장 스타일이라는 것은 상당히 고민될 수 있다. 해외 출장이라고 해도 티셔츠에 반바지 같은 너무 캐주얼한 모습은 자제하고, 만나는 상대에 따라 적절한 코디 센스를 발휘하자. 우선은 소지품을 최소한으로 줄이고 입었을 때 가장 간편하고 활동적인 옷차림을 한다. 또한, 비즈니스 출장에서는 평소의 필수 소지품 외에도 거래처와 협의 시 사용할 서류 파일이나 브리프케이스가 필요하다. 항상 깔끔한 스타일을 연출해야 하므로 반드시 셔츠나 속옷도 여벌로 준비한다. 장기 출장이라면 숙박지의 세탁소를 이용하는 것도 좋은 방법이다.

비즈니스 출장

A 준비할 것

출장 준비를 할 때는 개인 소지품보다 업무에 필요한 서류나 출장지 정보 등을 먼저 챙겨야 한다. 사전에 반드시 출장 일정이나 방문 회사의 담당자와 부서명, 연락처 그리고 출장 중 동료가 대신 처리해야 할 업무나 메모 등을 상사나 동료에게 전달한다. 이는 긴급 상황 발생 시 원활한 연락을 가능하게 해 주는 중요한 비즈니스 매너이다.

B 거래처와의 식사

기본적으로는 각자 부담이지만 이쪽에서 찾아왔다는 이유로 상대편이 대접할 때도 있기 때문에, 그런 경우에는 감사의 인사를 건넨다. 하지만 이쪽에서 부탁할 것이 있어서 찾아갔다면 당연히 이쪽에서 부담한다. 예산 등은 출장 전에 상사나 선배에게 상담해 둔다.

그럼, 이번에는 말씀대로 신세 지겠습니다.
감사합니다.

C 지참하면 편리한 도구

	갈아입을 셔츠, 속옷, 양말		더러워진 옷을 넣을 세탁물 가방
	세면도구		접이식 우산
	휴대전화 충전기		상비약
	서류, 자료		손톱깎이, 면봉 등

Hot Button

깔끔함을 위해서라면 슈트 케이스는 꼭 챙긴다

출장지에서 고객을 단 한 번밖에 만나지 않더라도 여
벌의 옷을 준비하고, 옷매무새는 평소 이상으로 신경
을 써야 한다. 이때 구겨진 슈트는 절대 피해야 한다.
따라서 출장이 잦다면 슈트를 깔끔하게 보관할 수 있
는 슈트 케이스를 가지고 다니면 편리하다.

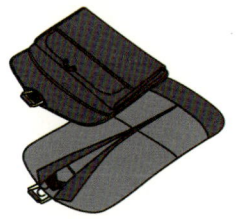

열차, 비행기 동승

친해지기
딱 좋은 타이밍

NO.58
고객동승

기차나 비행기 등에 고객과 동승할 경우, 함께 있는 시간은 평소 미팅할 때보다도 훨씬 길어질 것이다. 따라서 평소에는 좀처럼 할 수 없는 얘기를 자연스럽게 나눌수도 있을 테니 십분 활용해서 친해지는 좋은 기회로 삼는다. 좌석은 각자 취향이 있으니까 본인에게 직접 확인하고 결정하면 되지만, 2인용 자리의 원칙은 창가 쪽이 상석, 통로 쪽이 차석이 된다. 경치를 즐기거나 출입이 편한 자리를 상대에게 권한다고 생각해 두면 될 것이다.

이동 중에는 책을 읽거나 서류를 검토하는 습관이 있는 사람도 있는데, 고객과 동승할 때는 상대가 혼자서 지루할 수도 있으므로 책이나 서류는 접어 두는 편이 좋다. 반대로 상대가 책을 읽거나 일을 하고 싶어하는 것 같으면 말을 걸지 말고, 방해되지 않도록 한다. 그리고 선반에 짐을 올리거나 내리는 일은 솔선해서 하자. 갈아타거나 내릴 때 등 급하게 서둘러야 할 경우에는 상대의 짐을 들어주는 등의 배려도 필요하다.

열차, 비행기 동승

A 열차 좌석순위

기본적으로는 진행 방향의 창가가 상석이지만, 통로 쪽을 선호하는 사람도 있으므로 사전에 조사해 둔다.

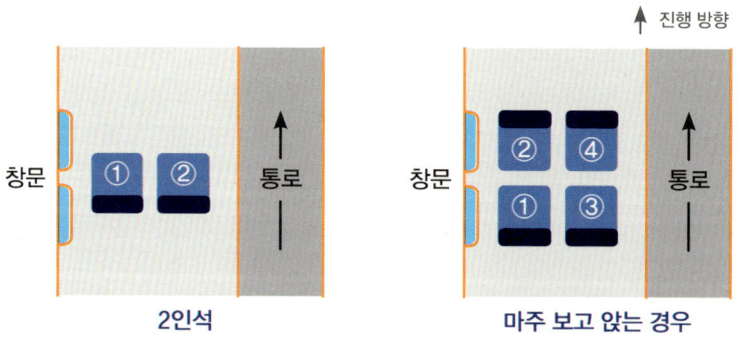

B 비행기 좌석순위

기본적으로는 창가가 상석이지만, 엔진이나 날개 근처는 풍경이 나빠서 앉고 서기 편한 통로 쪽이 좋다는 사람도 있다. 항공권을 예약하기 전에 동행자의 희망 좌석도 알아 두자.

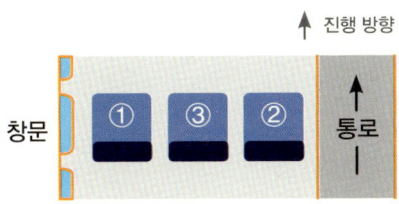

C 이럴 때 어떻게

좌석을 뒤로 젖힐 때는

뒷좌석에 앉은 사람에게 양해를 구한 뒤 젖히고, 내릴 때는 원래대로 되돌려 놓는 것이 매너이다.

 의자를 젖혀도 괜찮겠습니까?

자기 자리에 다른 사람이 앉아 있다면

"거기 제자리입니다." 라고 딱 잘라 말하지 말고, 부드럽게 질문해서 본인에게 틀렸는지 아닌지 확인받는 것이 가장 좋다.

 죄송하지만, 좌석 번호가 몇 번이십니까?

티켓, 숙박 예약

매니저처럼
행동하라

거래처에서 자사의 공장을 방문할 때는 키 맨을 위해서 교통편 티켓이나 호텔 예약을 해 둬야 하는 일도 있다. 이때 주의할 것은 예약이 늦어 원하는 자리를 확보할 수 없게 되면 '모처럼 좋아하는 자리를 알려 줬는데 배려가 없다.'라고 오히려 역효과가 나는 일도 있기 때문에 일찌감치 서둘러 예약하도록 한다. 출장 시에 숙박할 호텔을 예약할 때는 사전에 회사 규정 요금을 확인한다. 규정 금액 내의 호텔에 빈방이 없어서 예약이 불가능하다면 상사와 미리 상의한다.

자신도 함께 동행한다면 승무원 겸 매니저가 되었다 생각하고, 짐을 들거나 잔심부름을 하는 등 솔선해서 행동하자. 식사를 함께 할 때 매너는 술자리에서의 매너에 준한다. 숙박에 대해서는 만일 상대방이 원하는 숙소가 있는 경우에는 그 호텔을 예약하도록 한다. 흡연룸이 정해진 호텔이 대부분이기 때문에 상대방의 의향을 확인하고 예약해 둔다.

티켓, 숙박 예약

그래! 호텔은 그곳이 좋겠네.

A 티켓 예약

동승자의 취향을 사전에 확인해 둔다. 취향을 물었는데 원하는 좌석을 확보하지 못하면 신뢰감이 떨어진다. 직위에 따라서는 특실 등을 예약한다. 또 동승자의 자택을 파악해 두면 자택에서 가까운 역에서 합류하는 것이 편리할 수도 있다.

SALES TALK

부장님께서 말씀하신 대로 창가 쪽 자리로 예약해 두었습니다. ○○역에서 ○시까지 탑승하시면 됩니다.

B 호텔 예약

주변 관광을 원하면 교통이 편리하고 밤늦게까지 주위 상점이나 음식점이 열려 있는 호텔을 예약하고, 호텔 안에 머물기를 원하면 오락 시설이나 식사 등 호텔 자체 서비스를 비교해 보고 예약한다. 또 식사는 한식인지 양식인지, 코스인지 뷔페인지 등을 예약할 때 확인해 둔다. 거래처의 키 맨에게는 한 단계 위의 방을 예약해 두는 것도 좋다.

SALES TALK

> 숙박은 OO 호텔을 예약해 두었습니다. 흡연이 가능한 방으로 예약했으니, 편히 쉬시면 될 것 같습니다.

C 호텔에서의 팁

팁은 신속한 서비스에 대한 고마움의 표시로 주는데, 서양에서는 예약 문화와 마찬가지로 모든 호텔에서 팁을 주는 것이 관례이다. 서비스에 대한 고마움과 칭찬을 표현하는 간단한 인사와 함께 주는 것이 올바른 매너이다.

Hot Button

방을 어지른 채로 두지 않는다
방의 비품을 사용한 그대로 마구 어질러 놓았다면 숙박객으로서 실격이다. 청소까지 할 필요는 없지만 어느 정도는 정리해 주는 것이 품위 있다.

개인 정보 보호 대응 매너

고객 정보는 무덤까지!

프라이버시를 중요시하고, 개인 정보 보호법 시행 등과 동반해 개인 정보의 보호를 요구하는 의식이 높아져 있다. 물론 "나는 당신의 개인 정보를 지킬 수 없다. 다 흘려 내보내겠다."라는 영업사원은 없겠지만, 고객은 영업사원의 말과 행동에서 개인 정보에 대한 의식이 있는지 없는지를 느낄 수 있다. 예를 들어 상담 자리에서 고객 리스트를 책상 위에 아무렇게나 펼쳐 놓는다거나 개인 정보 서류를 다른 서류와 함께 가방에 넣어 버리는 것을 본다면, 설령 거기에 자신의 정보가 포함되어 있지 않더라도 틀림없이 자기 정보도 똑같이 취급될 것이라고 여기게 될 것이다.

최근에는 개인 정보 유출로 인한 범죄가 늘고 있다. 고객에게 받은 서류에 계좌번호나 카드번호가 직접적으로 노출되어 있지 않더라도 이름, 주소, 생년월일, 전화번호 등이 적힌 서류는 비밀번호를 유추할 수 있는 근거가 될 위험이 있다. 서류를 다루는 태도에서 보이는 약간의 차이만으로도 고객에게 비치는 당신의 신용도가 크게 달라질 수 있다.

개인 정보 보호 대응 매너

A 개인 정보의 취급

기본적으로 개인 정보는 들고 다니지 않는다. 노트북 등에 저장되어 있어서 고객의 개인 정보를 가지고 다닐 때에는 잠금장치를 걸어 놓거나 노트북 앞에서 자리를 뜨지 않는다. 수첩이나 다이어리에도 고객의 개인 정보는 적어 놓지 않는다.

B 대화 속에서 주고받는 개인 정보

허물없는 관계가 되면 대화 중에 점점 개인 정보가 교환된다. 전혀 얘기하지 않으면 화제도 고갈되어 버리므로 상대가 개인 정보에 관해 민감한지 어떤지를 판단하고 나서 대응하는 것이 좋다.

NG TALK 따님은 어느 대학 시험을 보셨나요?

NG TALK 그럼, 귀사의 OO씨도 가까운 곳에 사시네요?

NG TALK 우리 부장님이 김 대리 초등학교 선배야.

C 업무상 개인 정보를 맡고 있을 때

· 상대와 계약을 꼼꼼하게 확인하고 준수한다.

· 복사하지 않는다.

· 타인에게 건네지 않는다.

· 함부로 가지고 다니지 않는다.

Hot Button

CD에 저장해서 들고 다녀야겠군!

개인 정보의 유출은 본인뿐만 아니라 회사 전체의 신용 문제로 발전한다. 영업 담당자는 고객의 개인 정보를 들고 다닐 수밖에 없는 경우가 많기 때문에 지나치다 싶을 정도로 신경을 쓰자.

고객은 Stylish Pro−Salesman을 만나고 싶어 한다!

지금까지 이 책을 통해 Stylish Salesman이 되었다면,
체계적인 Sales skill을 익혀 Stylish Pro−Salesman이 되어 보자.

진단	기본과정	심화과정	관리자과정	관리자과정
세일즈맨과 조직에 어떤 어려움이 있으며, 어떤 해법이 필요한지 맥을 짚어 드립니다.	다양한 방식의 워크숍을 통해 세일즈의 기본을 형성시켜 드립니다.	맞춤형으로 조직에 필요한 심화된 훈련을 제공합니다.	세일즈 관리자를 위한 과정을 제공합니다.	세일즈 협상, 프레젠테이션, 강사 양성 등의 과정들을 제공합니다.

(주)피닉스세일즈센터는 세일즈를 하는 사람들이 자신의 일을 진심으로 좋아하고, 효과적/효율적/전략적/과학적으로 일하도록 돕고 있습니다.

Fundamental Sales course (주)피닉스세일즈센터 기본과정

교육특징
· 다양한 FT 기법을 활용한 구체적이며 실전적인 활용 프로그램(Role Playing, 易地思之)
· 어떤 직종에서도 적용 가능한 철저한 Process에 의한 핵심 프로그램

교육효과
· 세일즈 마인드 함양 및 강한 도전의식 고취
· 차별화된 Selling Skill 습득 및 Sales Process 구축
· 세일즈 상담능력 강화
· 매출 극대화 및 생산성 향상

교육대상
· CEO 및 임원
· 영업 교육 담당자
· 프로세일즈맨이 되어 높은 성과를 내고자 하시는 분
· 세일즈 강사가 되고자 하시는 분

PHOENIX SALES Center

(주)피닉스세일즈센터 www.salescenter.co.kr
T. 02)2164-8855 / F. 02)2164-8854
Consultant 임재영 / ljy2557@naver.com

세일즈를 말하다

김연광 · 이재철 공저 | 228쪽 | 15,000원

불황의 시대, 승리하는 사람들의 세일즈 비법

세일즈맨의 시장 가치는 능력에 의해 결정되고, 현재의 시장 가치는 철저히 실적으로 평가된다. 지금까지 세일즈맨으로 업계에서 무수한 경험과 연륜을 쌓아 왔지만 더 이상 나아지지 않는 실적 앞에서 고민하는 이들과 갈수록 세일즈가 버겁고 어렵다고 느끼는 이들을 위한 꼭 한 번 짚고 넘어가야 할 세일즈 프로세스의 교과서이다.

세일즈를 말하다(금융편)

이재철,양봉호,최영 공저 | 304쪽 | 16,000원

금융 세일즈 현장에서 바로 써 먹을 수 있는 실천적인 세일즈 매뉴얼

15년간 금융업계에서 세일즈맨 교육 프로그램을 개발하고 훈련시킨 저자와 대기업부터 중소기업은 물론 제약, 자동차, 보험, 은행, 증권 등 다양한 분야의 세일즈 조직을 컨설팅해 온 저자가 함께 쓴 금융 세일즈 지침서이다.

품격 입는 남자

Gentleman Image Tuning

황정선 지음 ｜ 412쪽 ｜ 25,000원

남자 나이 마흔에는 옷이 아니라 품격을 입어야 한다

'남자는 나이가 들면서 더 멋스러워진다' 는 말이 있지만 아무에게나 해당하는 말은 아니다. 큰 옷으로도 가려지지 않는 불룩 튀어나온 뱃살, 최신 유행의 옷을 입어도 어딘지 모르게 우스꽝스러운 옷차림은 중년의 당신을 수많은 아저씨 중의 한 명으로 전락시키기 십상이다. 하지만 당신도 안다. 누구는 아저씨가 아니라 신사로 불린다는 사실을!

이 책은 누구도 당신을 함부로 아저씨라 부르지 못하게 만들 수 있는 4050 남성들의 스타일에 대한 해법을 담고 있다. 얼마쯤 나온 배와 세월의 흔적이 남은 얼굴이라고 해도 당신의 스타일과 함께 조화와 균형을 갖춘다면 충분히 품위 있고 섹시한 남성으로 거듭날 수 있다. '꽃중년' 이 대세라지만 여전히 옷 입는 게 두려운 당신, 망가진 몸매 때문에 멋진 옷 사기를 포기한 당신에게 꼭 필요한 책이다.

Sales
Image
Tuning